광장 이후

광장 장

혐오,

양극화,

세대론을 넘어

이 후

신진욱, 이재정, 양승훈, 이승윤 지음

문학동네

차례

서문

내란의 비극에서 민주주의의 회복으로

헌법재판소가 2025년 4월 4일에 재판관 전원일치로 윤석열 대통령을 파면함으로써 12·3 비상계엄 후 계속된 헌정 위기가 일단락되었다. 시민들은 광장을 떠나 각자의 일상으로 복귀했고, 정국의 중심은 빠르게 조기 대선으로 옮겨가고 있다. 탄핵 정국이 계속되는 동안에는 충격적 사건들이 연이어 터졌고 불확실성이 가득했기에 과거를 돌아볼 겨를도, 미래를 내다볼 여유도 없었다. 얼마 지나지 않았건만, 돌아보면 지독한 악몽이었는지, 열병이었는지, 전생이었는지 알 수 없는 비현실적 느낌으로 그때의 장면들이 스쳐가기도 한다. 계엄 이후 극도로 긴박했던 시간들을 뒤로하고 역사의 새 국면으로 들어가면서 이제 우리는 무엇을 할 것인지 묻게 된다.

무엇보다, 마치 아무 일 없었다는 듯이 그동안 겪은 것들을 망각의 지하창고로 내려보내는 일은 없어야 한다. 훗날 그것들이 창고 문을 열고 다시 나타나 우리를 경악케 할지 모르는 일이니 말이다. 대통령이 계엄을 선포하고 군인들이 국회로 들이닥친 그날 되살아난 것은 45년이나 묵은 쿠데타의 망령이었다. 망각은 악을 부활시키는 자양분이다. 또한 우리는 일상으로 돌아가고 싶다는 말을 종종 했지만, 그것만이 우리의 소망이 될 수는 없다. 만약 그 이전에 우리 사회, 우리의 일상이 온전했다면 12·3은 일어나지 않았을 것이다. 정부와 군, 검찰, 경찰, 법원의 고위층들이 모조리 내란에 동조하거나 침묵하는 일도 없었을 것이며, 법원에서 '좌파 판사'를 사냥 다닌 폭도도, '빨갱이 처단'에 열광한 수만 군중도, 대학가를 돌며 난동을 부린 극우 청년들도 나타나지 않았을 것이다. 성인의 20%가 계엄에 찬성하고 30%가 정권교체 후 대한민국이 공산화될 거라고 믿는 일도 생기지 않았을 것이다. 더구나 많은 사람이 박근혜 대통령 탄핵 후에 낙관과 기대가 곧 실망과 환멸로 바뀌었던 기억을 갖고 있다. 촛불연합을 해체하고 윤석열을 대통령으로 만든 것은 사회에 만연했던 바로 그 환멸이 아니었을까.

그러므로 지금 우리가 할 일은 단지 계엄 이전으로 돌아가는 것이 아니다. 12·3으로 드러난 한국사회의 현실을 직시하면서 그 이전과 근본적으로 다른 세상을 만드는 것만이 민주주의 전복 시도의 재발을 막는 길이다. 카를 마르크스는 『루이 보나파르트의 브뤼메르 18일』의 서두에서 모든 거대한 세계사적 사건과 인물들은 역사에 두 번 등장한다는 헤겔의 말을 인용하며, 그러나 처음엔 비극으로, 다음번엔 소극笑劇으로 나타난다는 말을 덧붙였다. 하지만 여기서 마르크스가 말한 비극, 즉 수많은 인간의 고통을 수반하는 사회적 격변은, 언제나 그것의 전사前史를 갖는다는 점을 덧붙여야겠다. 그 역사는 처음엔 짧은 소극처럼 다녀가지만, 다음번엔 진정한 비극으로 재림한다. 1923년에 실패로 끝난 '뮌헨 맥줏집 쿠데타'에서 아돌프 히틀러는 그저 시대착오적인 내란범에 불과한 듯 보였지만, 1933년에 총통이 된 그는 바이마르공화국을 폐지하고 나치 독재를 수립했다. 12·3이 그런 비극의 전조가 되지 않으려면, 우리는 12·3을 진지하게 성찰해야 하며 우리 자신과 사회를 변화시켜야 한다.

이 책은 그러한 문제의식에서 출발하여 지난 넉 달간의 사건들을 찬찬히 돌아보고, 그 저변에 놓인 한국사회의 구조와 제도, 사람들의 삶과 노동의 실태를 분석한 네 편의 글을 담았다. 정치·사회·복지 연구자와 사회운동가로 다양하게 구성된 저자들은 여러 각도에서 질문을 던지고 씨름했다. 한국에서 민주적으로 선출된 대통령이 친위쿠데타를 일으켰다는 사실이 뜻하는 바가 무엇인가? 탄핵 광장에 나온 사람들은 누구였고, 그들은 왜 거기 있었으며, 어떤 세상을 원했는가? 계엄을 옹호하고 탄핵에 반대하는 행동을 누가 조직했으며, 그들은 어떤 주장과 이데올로기를 표방했는가? 한국의 극우세력은 어떤 집단들이고, 어떻게 진화해왔으며, 얼마나 강하고 지속 가능한가? 민주주의에 대한 신뢰를 약화하는 경제적 불안정과 불평등은 한국에서 어느 정도로 심각하며, 장기적으로 어떤 궤적을 그려왔는가? 특히 탄핵 집회에서 중심 역할을 했고 탄핵 찬성 여론의 큰 기둥이었던 청년세대는 지금 어떤 물질적 존재 조건에 놓여 있으며, 자신의 미래를 어떻게 인식하는가?

이상의 질문들에 대한 분석과 성찰을 토대로, 이 책의 저자들은 궁극적으로 우리 사회가 '광장 이후'에 더 나은 미래를 만들기 위해 어떤 문제를 우선적으로 해결하고 어떤 과제를 달성해야 할 것인지를 고민했다.

저자들은 특히 탄핵 정국에서 확대되고 뜨겁게 달아오른 광장 안팎의 구조와 역동성을 면밀히 살폈다. '광장'은 모든 민주적 제도와 기본권을 폐지하려 했던 12·3 친위쿠데타를 이겨낸 시민 권력이 응축된 공간이다. 일반적 쿠데타가 군부 등 특정 권력 집단이 집권 세력을 교체하거나 체제를 전복하는 행위라면, 친위쿠데타는 집권 세력 자신이 정부, 군, 검경, 정보기관 등 모든 국가기관을 동원하여 체제를 전복하고 권력을 영구화하려는 시도다. 그래서 친위쿠데타는 성공률이 매우 높고, 집권 세력과 동맹자들이 국가기관 내에 잔존해 있어 끈질기게 반격하며 내란을 다시 획책할 힘도 가졌다. 그런데 한국에서는 시민들이 그토록 강력한 힘에 강타당한 민주주의를 기적적으로 지켜냈을 뿐만 아니라 여의도, 광화문, 남태령, 한남동, 그 밖의 많은 곳에서 광장의 민주주의와 사회적 연대를 꽃 피웠다.

헌법재판소 선고 다음날 미국의 일간지 뉴욕타임스는 "윤석열의 부상과 몰락은 한국 민주주의의 취약성뿐 아니라 회복력을 보여주었다. 한국인들은 언제나 민주주의를 위해 싸울 준비가 되어 있다"라고 보도했는데, 그런 평가는 객관적 근거가 있다. 한국은 반독재 민주화 운동에서부터 민주화 이후 여러 차례의 대규모 촛불집회, 세월호·이태원 등 사회적 참사를 계기로 한 시민행동, 노동, 기후, 여성, 인권, 평화 등 다양한 의제의 사회운동에 참여한 경험을 가진 수백만 시민을 보유한 나라이기 때문이다. 특히 오늘날 서구의 많은 나라에서 청년 세대가 극우의 주된 사회적 기반인 것과 달리 한국에서는 청년들이 민주주의 투쟁에서 가장 주도적 집단이라는 사실이 주목할 만하다. 그런 의미에서 한국은 세계적으로 독재화의 물결이 거세게 일고 있는 이 시대에, 민주주의와 인권, 평등, 평화, 다양성의 가치를 추구하는 유쾌한 시민들이 어떻게 혐오와 폭력의 힘을 이길 수 있는지를 보여주는 빛이 되고 있다.

그러나 이번 탄핵 정국에서 우리는 그동안 겪어보지 않은 새로운 종류의 위협 또한 마주쳤다. 그 위협이란 바로 국가가 사회에 가하는 폭력이 아닌, 사회 내부의 혐오와 폭력, 민주주의와 다원주의를 공격하는 사회세력의 존재다. 해방 직후와 이승만 정권 시기에 서북청년회, 대한반공청년단 같은 극우 단체들이 정치테러와 민간인 집단살해의 주역으로 활동한 역사가 있지만, 1961년 5·16 쿠데타 이후 군부 권력 아래에서 사회의 자발적인 정치 폭력의 에너지는 크게 약화했다. 그런데 1987년 민주화 이후 꾸준히 성장해온 극우세력들이 이번 탄핵 정국에서 계엄 통치를 옹호하고 헌법기관을 공격하며, 다른 시민들의 안전과 존엄을 위협하는 강력한 힘으로 등장했다. 그중 몇몇 목사와 선동가, 태극기와 성조기를 든 군중의 대형집회가 큰 사회적 관심을 받았지만, 오늘날 한국의 극우는 거기에 국한되지 않으며 국가기관과 정치, 사회 여러 분야에 광범위하게 퍼져 있는 엘리트 네트워크와 대중적 공동체, 사회단체들을 포함한다. 따라서 그 조직과 이데올로기, 대중적 기반을 정확히 이해하고 효과적인 대응책을 찾기 위한 노력이 필요하다.

이번에 처음으로 이 같은 극우세력의 존재를 알았거나 그 심각성을 인지한 많은 시민과 언론은 종종 과도하게 단순하거나 왜곡된 인식을 가질 수 있다. 단적인 예가 '청년 남성의 극우화'라는 젠더 세대론이다. 실제로 청년세대는 남녀 불문하고 계엄 이전에 윤석열 대통령 국정 수행에 대해 긍정적으로 평가하는 비율이 가장 낮았고, 계엄 후에는 윤석열 탄핵 반대 비율이 가장 낮았으며, 헌법재판소의 파면 결정에 대한 이의가 가장 적었던 세대였다. 이러한 허구적 세대론은, 지난 몇 달간 충격적 사건들이 연이어 일어나는 가운데 우리 사회에 대해 성급하게 부정확한 인식이 생겨나 고착된 하나의 사례다. 우리는 그런 단견을 경계하면서, 한국사회에서 민주주의 의식, 정치 성향, 이념과 가치관이 어떻게 분포하며, 계급, 젠더, 세대, 이념에 따른 균열선들이 어떻게 교차하고 접합되는지를 정확히 이해하기 위해 노력해야 한다. 그것은 또한 혐오세력과 극단주의자들, 그들의 동조자들이 구체적으로 누구며, 어떻게 그들에게 대응해야 하는지를 좀더 명확히 알아가는 과정이기도 하다.

이 책에 실린 네 편의 글은 앞에서 서술한 민주주의 위기, 극우, 혐오, 양극화, 세대론 등 첨예한 쟁점들을 다양한 관점에서 다루었다. 저자들은 먼저 비상계엄에서 극우 파시즘에 이르는 전체 과정을 짚어보고(신진욱) 탄핵 광장의 중심에 있었던 청년들의 다양한 목소리를 전한 뒤에(이재정), 보다 심층적으로 '청년 남성 극우화'라는 뜨거운 논쟁에 대한 팩트체크와 더불어(양승훈), 한국사회 구성원들, 특히 청년들의 삶의 불안정성과 의식세계에 대한 분석을 제시했다(이승윤).

첫째 장인 신진욱의 「한국 민주주의의 위기와 극우 파시즘」은 최근 세계적으로 민주주의가 후퇴하는 추세 속에서 한국의 친위쿠데타 발생이 주는 교훈이 무엇인지 짚은 뒤에, 탄핵 정국에서 강력한 대중동원 능력과 파괴력을 보여준 극우세력의 다양한 실체와 역사적 진화 과정을 추적했다. 한국에서 박근혜 대통령 탄핵과 촛불집회는 민주주의 후퇴를 성공적으로 저지한 모범 사례로 간주되었지만, 그로부터 7년 뒤 12·3 친위 쿠데타의 발발은 한국의 민주주의가 실은 무척 취약하다는 사실을 드러냈을 뿐 아니라, 상당한 정도로 선진 민주주의를 달성한 나라도 정치적 퇴행이 지속되면 어느 시점에 전면적 독재화로 추락할 수 있음을 세계에 경고한 사건이 되었다. 더 큰 문제는 계엄 해제 후에 한국사회가 민주주의에 대한 합의로 나아가지 못하고, 격렬한 갈등과 깊은 균열의 골짜기로 빠져들었다는 사실이다. 한편에 민주주의와 인권, 평등, 다양성, 포용의 가치를 강조하는 시민들이 있었다면, 그 반대편에는 반공, 반북, 반중, 반좌파, 반페미니즘, 반동성애를 표방하는 집단들이 결집했는데, 후자의 일부는 심지어 특정 사회구성원들을 혐오 대상으로 삼아 공격하고 헌법기관에 폭력과 위협을 가하는 극우 파시즘 경향까지 보였다. 이 글의 강조점은 이들 극우세력이 윤석열 대통령 탄핵에 반대하여 일시적·즉흥적으로 뛰쳐나온 것이 아니며, 민주화 이후 장기간에 걸쳐 구축되어온 극우 파워엘리트 조직과 대중적 공동체, 이데올로기의 하부구조 가운데 일부가 이번 탄핵 정국에서 가시화된 것에 불과하다는 점이다. 그런 관점에서 봤을 때, 헌법재판소의 탄핵 선고 후에도 이들 극우 기득권 엘리트들과 대중적 하부구조는 전혀 약화하지 않았고 향후 언제든 정치적으로 재활성화될 수 있다. 이토록 심각한 한국 민주주의의 취약성에 대응하고 더 단단한 민주주의와 인권의 방어벽을 구축하는 일은 한국 민주주의의 큰 숙제다.

이재정이 쓴 「광장이 묻고 청년이 답하다—다시 만들 세계, 광장의 민주주의를 기억하자」는 저자가 대표로 있는 '윤석열퇴진을위해행동하는청년들'(이하 윤퇴청)이 1,000명에 가까운 10~30대 청년을 대상으로 실시한 온라인 설문조사에서 탄핵집회 참여 동기, 기억에 남는 장면, 민주주의 위기 인식, 미래사회에 대한 바람을 조사한 결과를 제시했다. 저자는 "'계엄'과 '민주화운동'을 상상해보지 못했던 청년세대"가 이번 탄핵투쟁 과정에서 한국 민주주의의 새로운 가능성을 보여주는 집단으로 부상했음을 상기시키면서도, 청년들이 계엄 사태로 갑작스레 각성한 것이 아니라 오랜 시간에 걸친 정치의식의 성장과 사회운동적 실천이 배경에 있음을 강조했다. 조사 결과에 의하면, 탄핵 집회에 참여한 동기로 "비상계엄의 충격" 못지않게 "계엄 선포 이전부터 윤석열 정부의 정책과 행태에 실망"했다는 응답이 많았다. '청년'과 '공정'을 팔아 집권한 윤석열 정권하에서 청년들은 이태원참사, 해병대 채수근 상병 사망사건, 카이스트 학생 '입틀막' 사건, 김건희와 그 가족들의 부정부패에 관한 수사 및 기소 회피 등을 겪으며 큰 환멸과 분노를 느껴왔다는 것이다. 특히 "계엄 선포 이전부터 윤석열 정부의 정책과 행태에 실망"했다는 응답이 청년 여성에게서 더 분명히 나타나는 것은 윤석열 정부의 성평등 정책 후퇴 및 젠더 갈등 조장과 무관하지 않다고 짚었다. 또한 청년들은 한국 민주주의 위기 요인으로 "권력의 집중과 남용"과 더불어 "경제적 불평등 심화"를 가장 많이 꼽았으며, 미래의 우선 과제로 "내란 범죄에 대한 수사와 책임자 처벌"을 넘어 "사회대개혁을 통한 사회문제 해결"을 가장 중시하는 것으로 나타났다. 이승윤의 연구 결과와 연결해본다면, 지금 한국의 많은 청년은 그들의 불안정한 삶과 구조적 부조리를 민주적 사회개혁을 통해 개선하길 바라며, 또한 그것을 위한 행동에 참여하고 있는 것이다. 나아가 저자는 광장 청년들이 가장 바라는 미래상으로 꼽은 '평등하고 다양성이 존중되는 포용 사회'를 만들기 위해 이번 탄핵 광장이 보여준 돌봄과 연대, 다양성과 차이에 기반한 민주주의의 서사를 기억하고 이어갈 필요가 있다고 강조했다.

양승훈이 쓴 「남성 프레임 전쟁—그들에게는 없는 응원봉」은 '젊은 극우의 등장'이라는 현상을 어떻게 이해할 것인가라는 질문으로 시작하여, '청년 남성'에 대한 통념을 비판적으로 검토하고 그들 내의 다양성과 복잡한 실상을 명확하게 규명하려 한다. 이번 탄핵 정국에서 젊은 여성들이 주로 응원봉을 든 진보적 민주주의자의 이미지로 표상된 것과 달리, '청년 남성'

'2030 남성' '이대남'이 누구인지를 의미화하는 프레임은 무엇보다 서부지법 폭동, 윤석열 지지 청년들의 대학가 순회 집회, '신남성연대'와 같은 안티페미니즘 단체들의 도발 행위, 청년 남성들의 탄핵 반대 극우 집회 참여, 그리고 '응원봉 집회'에서 나타난 청년 남녀의 참여율 차이 등으로 강화되었다. 저자는 이와 같은 맥락에서 우리 사회가 '2030 남성의 보수화' '청년 남성 극우의 위협' '광장에 나오지 않는 청년 남성'에 대해 반복해서 말하면서, "2030 남성을 꾸짖거나 배제되어야 할 '덩어리'(단괴)로 취급"하는 경향이 생겨났다고 지적한다. 그에 따라 이 세대 집단에 대한 사회의 시선을 규정하는 질문들, '왜 청년 남성들은 보수화되었는가?' '이대남 극우의 실태는 어떠한가?' '2030 남성은 왜 광장에 나오지 않는가?'라는 질문들만 쏟아져나오는 실상이다. 그러나 양승훈은 "이들이 극우화로 향하고 있는 건지, 혹은 보수화가 된 게 맞는지"를 객관적으로 살피는 작업이 중요하다고 강조한다. 그의 주장의 핵심은 청년 남성은 동질적 집단이 아니며, 이들 중 다수의 정치 성향과 가치지향이 보수로 굳어진 것도 아니고, 보수 성향을 띠는 이들 역시 대다수는 민주주의에 적대적인 극우파가 아니라는 것이다. 만약 광장이 상징하는 사회참여의 장에서 청년 남성들이 상대적으로 소극적이라면, 그 원인은 전반적인 보수화나 극우화에 있는 것이 아니라 그들이 "역할 모델의 덫에서 헤매고" 있다는 데 있으며, 따라서 "새로운 정치적 공간의 창출을 위한 본격적인 논의"가 필요하다는 것이 저자의 결론이다.

끝으로, 이승윤의 「녹아내리는 노동, 연대가 어려워진 청년들」은 탄핵 찬반 진영 간의 갈등 속에서 확산된 '진보적 청년 여성, 보수적 청년 남성'이라는 단순한 청년세대론에 비판적 거리를 두면서, 청년-남녀라는 생물학적 세대-성별 내에 "각기 다른 삶의 궤적과 정치적 의식을 지닌 다양한 모습의 청년들이 공존"하는 사회학적 현실을 주목한다. 여기서 저자는 '존재가 의식을 규정한다'는 마르크스의 명제에서 출발하여, 청년들을 진보와 보수, 탄핵 집회 참여자와 비참여자 등 이념적·정치적 관점에서만 규정하는 것이 아니라 노동과 계급의 물적 토대를 중심으로 보는 역사유물론적 접근법을 제안한다. 이 글은 소득, 고용 형태, 사회보험 적용 여부라는 세 가지 측면을 종합하여 한국인들의 장기적 계층화 패턴을 분석했는데, 그에 따르면 지난 20년간 특히 청년세대의 불안정성이 증가하고 세대 내 양극화가 심해지는 경향이 뚜렷하다. 청년들의 불안정성은 특히 저자가 '액화노동'으로 개념화한 현상, 즉 프리랜서, 콜센터노동자, 플랫폼노동자, 실업과 취업을 반복해 오가는 청년들처럼 "우리가 전통적으로 이해해온 노동의 경계가 녹아내려 기존의 법제도로 규정한 노동의 개념이 모호해지는 현상"이 확대되는 경향과 밀접하게 관련된다. 법제도가 노동자들을 보호할 수 있어야 함에도 현행 법체계는 표준적 고용관계를 전제로 설계되어 있어 이처럼 점증하는 비정형적 노동을 포괄하지 못하는데, 그러한 문제를 특별히 강도 높게 겪고 있는 사회집단이 바로 청년 프레카리아트라는 것이다. 나아가 이 글에서 흥미로운 또하나의 분석 결과는, 청년 남녀 모두 양극화가 심해졌지만 청년 남성 가운데서 '매우 불안정한' 집단이 눈에 띄게 증가했으며, 청년 남녀 모두 객관적 불안정성이 클수록 계층 상승 가능성을 비관하는 패턴이 있지만 동일한 정도의 불안정 상태에서 유독 청년 남성들의 비관성이 더 강했다는 것이다. 이는 한편으로 가부장적 전통이 청년 남성들에게 가하는 사회적 압력과, 다른 한편으로 그들의 점증하는 불안정성 사이에 괴리가 커지고 있음을 시사하는 대목이다. 저자는 이 같은 존재의 불안정성이 제도정치 전반에 대한 불신, 정치적 체념, 급진좌파 정치의 요구, 또는 그와 반대로 극우 포퓰리즘에 대한 지지 등, 매우 상반된 방향의 정치의식으로 이어질 수 있으므로, 섣부른 세대론으로 현실을 재단하기보다는 적극적인 정치적·사회운동적 실천을 통해 불평등한 사회체제에 대항하는 사회적 연대를 진전시켜야 함을 강조했다.

이 책의 구상은 참여연대 아카데미느티나무가 〈광장 안과 밖의 시민—어디에서 왔고 어디로 가나?〉라는 제목의 시민 강좌 프로그램을 기획하여 2025년 3월에 양승훈, 이승윤, 신진욱이 각각 '광장 속 시민' '사회 속 시민' '정치 속 시민'을 주제로 연속 강좌를 열면서 시작되었다. 문학동네가 이 강좌들을 발전시킨 공저서 작업을 제안하여 저자들이 흔쾌히 동의하였고, 여기에 이재정이 결합해 더 풍성한 내용을 갖추게 되었다. 그러므로 이 책의 탄생은 누구보다도 출판을 제안하고 저자들의 집필과 편집에 이르기까지 세심한 도움을 준 문학동네와 강좌를 기획한 아카데미느티나무에 힘입은 것이다. 특히 문학동네 논픽션 부문의 고아라 부장님, 권한라 차장님, 전민지 대리님, 그리고 아카데미느티나무의 황미정 원장님과 민선영 청년참여연대 팀장님께 깊이 감사드린다. 이 책이 '광장 이후'의 한국사회를 진정한 민주주의의 광장으로 만들어가는 데 기여할 수 있길 소망한다.

2025년 5월
공저자들을 대신하여
신진욱

한국 민주주의의 위기와 극우 파시즘

이 글에서는 민주주의가 퇴행하는 세계적인 흐름 속에서
한국의 12·3 친위쿠데타가 어떤 교훈을 남겼는지 짚어본 뒤에,
탄핵 정국에 모인 극우세력의 특징과 민주화 이후 극우세력의 진화 과정,
그리고 반민주적 정치권력이 극우 사회세력과 결합된 파시즘의
구조를 살펴본다. 그러한 성찰을 바탕으로, 탄핵과 대선 후에도 지속될
이 같은 역사적 위기를 극복하고 민주주의를 지키기 위해 앞으로
우리 사회가 어떤 노력을 기울여야 할지 질문한다.

───────

신진욱

사회학자 카를 만하임은 인간이 태어나 시대 환경에서 받은
'첫인상'이 세계관 형성에 큰 영향을 미친다고 했는데, 나에게
그것은 '폭력'과 '광장'의 경험이었다. 열다섯 살 때 우연히
헌책방에서 '5·18 사진집'을 보고 1980년 광주민주화항쟁과
군부 학살의 진실을 알게 되었다. 그 절대 공동체와 절대 권력의
병존이 준 충격이 이후 내 삶의 많은 부분을 규정했다. 나중에
연구자의 길을 걸으며 독일 베를린에서 국가폭력과 시민 저항에
대한 박사논문을 쓰고, 그후 20여 년 동안 정치사회학을 연구해왔다.
2024년 12월 3일의 계엄 선포와 군의 국회 점령은
1980년 5월에 대한 내 '첫인상'의 충격을 현재로 불러냈다.
독재는 곧 국가에 의한 자의적인 체포, 감금, 고문, 살해, 일상적인
공포, 자기검열, 상호 불신의 지옥을 뜻한다는 것을 관련 분야를
오랫동안 연구하며 잔인하리만치 생생히 봐왔다. 그래서 여의도에서
광화문, 남태령, 한강진, 한남동으로 이어진 광장의 민주주의는
나에게 단지 탄핵 찬성 집회가 아니라 모두의 인간 존엄을 지키기
위한 투쟁을 의미했다. 나는 이 싸움이 아직 끝나지 않았고 앞으로
오래 지속되리라 생각한다. 이 글에 그 거시사에 인간의 도덕적
의지를 개입시키고자 하는 작지만 진지한 성찰을 담았다.

아직 끝나지 않은 12·3

　2024년 어느 평범한 화요일 밤에 날벼락같이 닥친 대통령의 비상계엄 선포는 한국 현대사에서 여러모로 중대한 의미를 지닌다. 그것은 1979년 12·12 이후 45년 만의 쿠데타이자, 1980년 5·17 이후 44년 만의 전국적 계엄이었으며, 1987년 민주화 이후 최초로 민주적 입헌정치를 전복하려 한 시도였다. 무엇보다 그것은 1948년 대한민국 정부수립 이후 민주적으로 선출된 대통령이 일으킨 최초의 친위쿠데타였다. 다시 말해, 국민이 뽑은 대통령이 자기 권력을 영속하기 위해 국무위원들과 군, 검찰, 경찰 등 국가기관의 고위층을 총동원하여 헌정을 파괴하려 한 시도였다. 그런 의미에서 12·3은 대한민국 정치지도자가 국민에게 행한 역사상 최악의 배반이었다.

비상계엄은 국회의 계엄 해제로 곧 종결되었지만, 불행히도 그것은 끝이 아니라 한국 민주주의를 끊임없이 시험대에 올린 국면의 시작일 뿐이었다. 계엄이 해제된 12월 4일부터 헌법재판소가 최종적으로 파면 선고를 내린 4월 4일까지, 한국사회는 넉 달 동안 격렬한 갈등을 겪었다. 그 중심에는 대통령 탄핵을 둘러싼 찬반 대립이 있었으나, 이 갈등은 단순히 탄핵에 대한 의견 차이에 국한되지 않았다. 이는 민주주의 훼손의 중대성에 대한 인식, 선거에 대한 신뢰 등 핵심 가치를 둘러싼 한국사회의 깊은 균열을 드러냈고, 이 균열은 서로 갈등하는 과정에서 더욱 깊어졌다.

헌법재판소의 대통령 파면 결정으로 비상계엄 선포 이후의 헌정 위기는 일단락되었으나, 12월 3일과 그 이후에 한국사회에서 과연 무슨 일이 일어났으며 그것이 의미하는 바가 무엇인지, 앞으로 한국사회가 무엇을 해야 할지를 성찰하는 과제가 남아 있다. 이 글은 먼저 지난 십여 년간 세계와 한국의 민주주의 후퇴 추세 속에서 12·3 친위쿠데타 발발의 의미를 짚어본 뒤에, 그후 헌법재판소 선고까지 넉 달 동안 민주주의, 다양성, 평등, 평화, 인권의 가치를 강조한 광장 민주주의의 경험이 확산된 것 이상으로 반공, 반북, 반중, 반페미니즘, 반동성애를 표방한 극우세력이 부상하고 파시즘적 상황으로까지 치달았던 현상의 함의를 살펴본다.

세계에 들이닥친 독재화의 물결

한국에서 민주화가 이뤄진 1987년은 세계적으로 이른바 '민주화의 세번째 물결'이 정점에 달했을 때다. 하지만 '물결'은 올라갈 때가 있으면 내려올 때가 있는 법이다. 민주주의 확대 추세가 대략 1990년대 중후반부터 꺾이면서 세계적 범위에서 '독재화의 세번째 물결'[1]이 서서히 시작되었다. 민주주의와 자유가 한창 확대되던 시기에는 개혁은 더디더라도 장기적으로는 보다 발전된 단계로 이행해갈 것이라는 낙관과 기대가 있었다. 하지만 시간이 지날수록 많은 나라에서 민주주의의 발전이 어느 수준에서 멈추고 더 나아가지 못하는 현상이 발견되었고, 그에 따라 정치가 계속 발전하리라는 '환상'이 끝났다는 진단이 등장했다.[2]

1990년대 후반부터 2000년대에 걸쳐 세계 여러 나라의 민주주의는 민주주의 제도의 기본 틀을 유지하는 가운데 그 안에서 은밀하게 부분적·점진적으로 부식되었다. 1970~1980년대에는 일당독재나 선거 자체가 없는 강경한 독재가 비민주적 정치체제의 다수를 차지했으나, 1990년대 이후에는 정기적인 선거 실시와 다당제 등 기본적인 요건만 갖춘 최소민주주의, 또는 선거와 다당제가 있기는 하지만 사실상 정권교체가 힘든 경쟁적 권위주의체제 유형이 증가했다.

그러나 2010년대에 접어들자 민주주의체제의 기본적인 외

양을 갖추려는 시도조차 하지 않는 나라들이 많아진다. 즉 군사쿠데타 또는 집권 세력의 친위쿠데타가 일어나거나, 야당 지도자를 사법적으로 탄압하거나 협박하고 심지어 암살하기도 했으며, 정권에 비판적인 시민들을 감시하고 처벌하는 등 적나라한 독재가 점점 늘어났다. 이것은 그 이전 시기 민주주의가 부분적으로 결함을 보이거나 점진적 혹은 비가시적으로 후퇴하던 양상과는 다르다.

〈그림 1〉은 미국 비정부기구 프리덤하우스Freedom House가 매년 발간하는 『세계자유보고서Freedom in the World』에 보고된 국가별 자유 지수의 장기 추세를 바탕으로, 전 세계에서 자유로운 나라의 비율이 변화하는 양상을 보여주고자 만든 그래프다. 이 그래프를 보면 '자유로운' 정치체제인 나라의 비율이 1970년대 후반 이후 꾸준히 상승해오다 2000년대 들어 정체했고, 2010년대 중반부터 처음으로 감소세를 보였다. 그와 더불어 '자유롭지 않은' 나라들의 비율이 2010년경부터 높아지기 시작해서 최근에 더욱 가파르게 증가하고 있다.

더 우려스러운 점은 그동안 선진적인 민주주의 정치체제를 운영해온 서구 나라들에서도 민주주의가 크게 후퇴하고 있다는 사실이다. 1990년대까지만 하더라도 유럽과 북미의 대다수 나라의 선거에서 극우정당은 아무리 높아도 5% 이상 득표하지 못했다. 그런데 제도정치에서 영향력이 미미했던 극우 또는 과격 우파 정당들의 지지율과 선거 득표율이 2010년

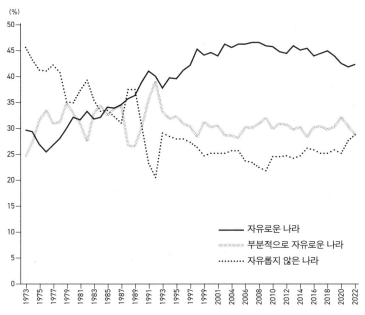

그림 1 민주주의체제 국가 비율 변화(1973~2022)

자유로운 나라
부분적으로 자유로운 나라
자유롭지 않은 나라

자료: Freedom House, Country and Territory Ratings and Statuses, 1973-2022.

대 이후 꾸준히 높아져서 많은 나라에서 집권에 성공하기까지
했다. 가장 최근의 예를 보면 2022년 이탈리아 총선에서 극우
정당 '이탈리아형제당FdI'이 승리해 조르자 멜로니 총리 정권
이 들어섰고, 오스트리아는 2024년 총선에서 극우정당인 자
유당FPÖ이 1위 득표를 했으나 다른 정당들이 연정을 거부해
원내 과반 의석 확보에 실패하면서 1919년 공화국 수립 후 처
음으로 2위 득표 정당인 국민당ÖVP이 사회민주당SPÖ, 신오스
트리아와자유포럼NEOS과 함께 정부를 구성했다. 프랑스도 같

은 해 총선에서 극우정당인 국민연합RN이 1위를 했으나 결선 투표에서 우파와 좌파가 연합해 가까스로 극우의 집권을 막았다. 독일의 경우 2025년 2월에 실시된 연방의회 총선에서 극우 성향 독일을위한대안AfD이 20%가 넘는 득표로 2위 정당이 되었을 뿐 아니라, 거의 모든 동독 지역에서 득표율 1위를 차지했다.

특히 헝가리, 폴란드, 그리스 등 동유럽 및 남유럽의 몇몇 나라는 지난 십여 년 사이에 권위주의체제로 전환된 적이 있거나 아직도 권위주의체제로 남아 있다. 헝가리의 경우 2010년에 강경 우파 정당인 청년민주동맹Fidesz이 집권한 이후 빅토르 오르반 총리 정권이 지금까지 유지되고 있다. 폴란드에서는 2015년부터 2023년까지 집권당인 법과정의당PiS이 의회, 검찰, 법원, 공영방송을 불법적·위헌적인 방식으로 정치적 도구로 삼고, 시민들의 자유를 침해하며 민주주의를 크게 후퇴시켰다.

오랜 민주주의 역사를 가진 나라 중 최근 민주주의체제가 심각하게 파손된 대표적인 사례는 단연 미국이다. 미국은 이미 2016년에 도널드 트럼프가 집권하면서 국제 민주주의 지표상 '리버럴민주주의'에서 '선거민주주의'로 강등되었다. 그 후 당내에서 트럼프에 반대하는 정치인들이 설 자리를 잃고 공화당이 점점 극우화되는 와중에 2024년 선거에서 트럼프가 대통령에 재선되고 상·하원까지 공화당이 다수를 점하자 새

정부는 출범 이후부터 폭주를 이어갔다.

한국 민주주의의 후퇴와 독재화의 경고등

이처럼 세계의 민주주의가 전반적으로 후퇴하는 가운데 2016~2017년 한국의 박근혜 대통령 탄핵 및 촛불집회는 헌법기관과 시민사회가 민주주의 후퇴를 성공적으로 저지한 모범 사례로 세계의 관심을 끌었다. 그러나 그로부터 8년 뒤인 2024년에 친위쿠데타가 발생하면서 한국의 민주주의가 실은 여전히 무척 취약하다는 사실을 분명히 드러냈다. 그러므로 한국 민주주의가 장기적으로 어떤 퇴행의 궤적을 그려왔는지, 12·3 계엄 이후 어느 수준에 이르렀는지를 냉정하게 인식하는 것이 중요하다.

학계에서 신뢰하는 민주주의 평가 기관 중 하나인 민주주의다양성연구소V-Dem의 한국에 대한 평가가 어떻게 변해왔는지를 보면 주목할 만한 패턴이 보인다. 〈그림 2〉에서처럼 1987년 민주화 이후 약 20년은 보수정당이 집권하든 민주정당이 집권하든 모든 지표에서 민주주의가 점점 발전하는 추세를 보이지만, 2000년대 중반 이후 약 20년간은 전혀 다른 양상이 나타난다. 즉 보수정당이 집권하면 민주주의가 급격히 후퇴하고, 그에 대한 시민들의 항의와 헌법기관의 탄핵으로

그림 2 한국 민주주의 평가[3](1987~2024)

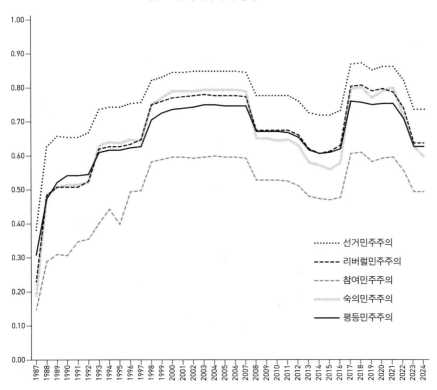

민주주의다양성연구소는 다섯 개 지표로 민주주의를 평가한다. 여기서 '선거민주주의'는 정기적으로 선거를 치르고, 다당제를 허용하며, 기본적인 자유와 정치적 기본권이 있는 정도의 민주주의를 뜻한다. '리버럴민주주의'는 거기에 더해 시민 자유가 포괄적으로 보장되고, 행정부의 권력남용이 견제되며, 법치주의가 준수되는 등 높은 수준의 요건을 충족하는 발전된 민주주의를 뜻한다. 한편 '참여민주주의'는 시민사회 참여, 직접민주주의, 지방자치, '숙의민주주의'는 반대 의견의 존중, 협의를 통한 정책 결정, '평등민주주의'는 계급, 젠더 등에 따른 불평등, 차별, 혐오 등을 지표로 삼아 평가한다.

표 1 최근 한국의 민주주의 및 자유의 국제 순위 하향 현황

민주주의다양성연구소		이코노미스트 민주주의 지수		국경없는기자회 언론자유도	
2021	2024	2021	2024	2021	2024
15위 룩셈부르크	45위 수리남	14위 룩셈부르크	30위 슬로베니아	40위 체코	60위 라이베리아
16위 프랑스	46위 몰도바	15위 독일	31위 이스라엘	41위 이탈리아	61위 우크라이나
17위 한국	47위 한국	16위 한국	32위 한국	42위 한국	62위 한국
18위 스페인	48위 불가리아	17위 일본	33위 라트비아	43위 대만	63위 말라위
19위 영국	49위 남아공	18위 영국	34위 벨기에	44위 미국	64위 시에라리온

자료: V–Dem Democracy Report; Economist Democracy Index; RSF Press Freedom Index;
각 2021년, 2024년 평가 순위.

정권이 교체되면 민주주의 수준이 빠르게 회복되는 반면, 다시 보수정당으로 정권이 교체되면 민주주의 수준이 또다시 추락하는, 그러한 패턴이 반복된 것이다.

이처럼 지난 20년 동안 한국 민주주의는 롤러코스터 같은 불안정한 상태를 지속적으로 겪다가 최근 마침내 전면적인 독재화의 경고등이 켜지기에 이르렀다. 즉 12·3 비상계엄은 대통령의 충동으로 어느 날 갑자기 일어난 일이라기보다는 이미 한국 민주주의에 심상치 않은 여러 신호가 나타나고 있었음을 보여주는 사건이었다.

2024년 4월에 발간된 민주주의다양성연구소의 연간 보고

서에는 한국이 발전된 민주주의 나라들 중에서 유일하게 심각한 권위주의화가 진행되고 있으며, 10년 전 헝가리 등이 본격적인 권위주의체제가 되기 전에 바로 이런 양상을 보였다는 섬뜩한 경고가 실렸다.[4] 무엇보다 우려스러운 점은 한국 민주주의 지수와 위상의 낙폭이 너무 크다는 사실이었다. 문재인 정부 4년 차인 2021년과 윤석열 정부 3년 차인 2024년의 한국 민주주의와 자유에 대한 국제적 평가들을 비교해보면, 〈표 1〉에 제시된 바와 같이 2021년에 영국, 미국, 일본, 대만 등 다른 선진국들보다도 더 높은 수준으로 평가받던 한국이 불과 3년 만에 전쟁중이거나(우크라이나), 군사독재 치하에 있거나(라이베리아), 권위주의체제인 나라들(슬로베니아)과 유사한 수준으로 강등된 것을 알 수 있다. 12·3 비상계엄 이전부터 한국은 이미 전면적인 독재화에 매우 가까이 다가가 있던 것이다.

친위쿠데타가 일어날 수 있는 나라

결국 한국 민주주의를 결정적으로 강타한 '그날'이 오고야 말았다. 12·3에 일어난 사건을 가장 잘 요약하는 개념은 '친위쿠데타'다. 우리말로는 이 표현이 마치 권력자를 지키기 위해 군과 같은 친위대가 일으킨 쿠데타를 뜻하는 듯 들리기도 해그 의미를 온전히 전달하지 못한다. 학술 개념으로는 영어로

'셀프쿠self-coup'나 에스파냐어의 '아우토골페autogolpe'가 두루 쓰이며, 직역하면 '자신을 타격한다'라는 뜻이다. 즉, 친위쿠데타는 특정 헌정체제에서 권력을 획득한 정치지도자가 자신의 권력을 헌법적으로 허용된 것 이상으로 강화하고 연장하기 위해 바로 그 헌정체제를 타격하는 행위를 뜻한다. 쉽게 말해, 민주적 선거로 뽑힌 대통령이 민주주의를 공격하는 것이다.

쿠데타 연구자들이 제2차세계대전 종전 이후 현재까지 세계에서 일어난 모든 쿠데타 자료를 수집하여 분석한 데이터에 따르면,[5] 민주주의체제가 전복되어 독재체제로 전환한 사례 가운데 일반적인 쿠데타에 의한 경우가 50%를 약간 상회했고, 친위쿠데타에 의한 경우는 35% 정도였다. 적잖은 나라에서 친위쿠데타에 의해 민주주의가 무너진 셈이다. 친위쿠데타는 민주주의가 확대되는 추세였던 1980~1990년대에는 드물었다가 2010년대 중반 무렵 급증하여 2016~2024년에는 전 세계적으로 무려 17건이나 발생했다. 즉 그동안 확대되어온 민주주의체제 안에서 독재화를 시도하는 한 가지 방식으로 자리잡고 있는 것이다.

게다가 위의 쿠데타 연구 결과에서 일반적인 쿠데타 시도의 성공률은 50% 정도인 데 비해 친위쿠데타는 80% 이상이 성공하는 점도 눈에 띈다. 왜 그럴까? 일반적인 쿠데타는 지배체제 내에서 군과 같은 특정 권력 집단이 집권 세력을 교체하거나 체제를 전복하는 것이다. 한국의 5·16 쿠데타는 민주당

정부 외부의 군부에 의해 발생했고, 12·12 쿠데타도 최규하 정부 바깥에서 군부가 무력으로 권력을 탈취한 사건이었다. 그와 달리 친위쿠데타의 경우 집권 세력이 자신의 권력을 강화하고 영구화하기 위해 국가기관의 모든 권력 자원을 합법적 또는 불법적으로 동원할 수 있다. 대통령의 측근들은 물론 여당, 군, 검찰, 경찰, 법원, 정보기관, 정부부처의 수많은 파워엘리트들이 내란에 직간접적으로 관여하게 되므로 1차 쿠데타가 실패한 뒤에도 그 주도 세력이 상당한 정도로 권력을 유지할 수 있고, 최종적인 정권교체가 이뤄지기 전까지는 군사적·사법적·행정적 수단을 동원해 추가 내란을 시도할 수 있다.

2021년 1월 6일 미국의 도널드 트럼프 대통령은 2020년 11월 대선에서 승리한 민주당 조 바이든의 대통령 취임을 저지하려는 목적으로 수천 명의 지지자로 하여금 의회에 난입해 폭동을 일으키도록 선동했다. '실패한 친위쿠데타'로 평가받는 이 사건은 대중의 정치참여가 활발한 민주주의사회에서 민주적으로 선출된 정치지도자가 포퓰리즘적 선동 정치로 헌정을 타격할 수 있다는 것을 극적으로 보여준다. 트럼프는 2025년 1월 두번째 대통령 임기를 시작하자마자 2021년 의회 난입으로 실형을 받은 폭도 가운데 1,500명 이상을 사면했다. 이러한 세계적 맥락에서, 한국에서 일어난 친위쿠데타는 군의 최정예 부대들을 동원하고 포고령을 통해 민주주의를 전면 폐지하려 한 독재화 시도였다는 점에서 전 세계에 특별한 충격을 주었다.

12·3 친위쿠데타 발생 후에 발표된 민주주의다양성연구소의 2025년 보고서를 보면 1987년 민주화 이후 '리버럴민주주의'로 격상되었던 한국 민주주의가 그 보고서에서 처음으로 다시 '선거민주주의'로 강등되었다. 이번 보고서에서 한국 민주주의는 수리남, 몰타, 트리니다드토바고 같은 나라들과 비슷한 수준으로 평가받았으며, 많은 정치 문제를 안고 있는 브라질, 자메이카 등 중남미 나라들에도 훨씬 못 미치는 위상을 갖게 됐다. 시민들과 헌법기관이 불법적 비상계엄을 막고 탄핵 심판의 절차를 밟는 데 성공했음에도 불구하고, 군을 동원한 친위쿠데타 시도가 일어났다는 사실만으로 한국 민주주의에 대한 평가는 물론 한국사회의 이미지까지 치명적인 손상을 입은 것이다. 영국의 시사주간지 『이코노미스트』의 민주주의 지수의 경우에도, 2025년 보고서에서 처음으로 한국을 '온전한 민주주의full democracy'가 아니라 동아시아 나라 중에 '결함 있는 민주주의flawed democracy'로 분류했다. 올해 보고서에서 결함 있는 민주주의로 분류된 나라들은 싱가포르, 필리핀, 몽골, 말레이시아, 인도네시아 등이다.

계엄은 해제되었고, 대통령은 탄핵되었다. 하지만 '쿠데타가 일어날 수 있는 나라'라는 사실 자체의 중대한 함의. 즉 1987년 이후 38년이 지난 오늘날에도 한국 민주주의가 매우 취약하며 전혀 '공고하지 않다'는 사실은 커다란 경종이다.

독재화에 맞선 광장의 민주주의

그러나 여러 불확실성에도 불구하고, 한국사회가 국회의 계엄 해제와 탄핵소추, 법원의 현직 대통령 체포영장 발부, 체포와 구속기소, 그리고 헌법재판소의 변론과 최종적 파면까지 모든 고비를 넘었다는 사실은 한국 민주주의의 위대한 승리다.

이 모든 헌법적 과정을 가능케 한 궁극적인 힘은 강력한 민주적 시민사회의 존재였다. 친위쿠데타의 성패는 집권 세력 내부의 조율, 군에 대한 장악력, 야당들의 힘과 결집력 등 여러 요인에 영향을 받지만, 특히 민주주의를 방어하는 다수 시민의 강력하고도 신속한 반응이 중요한데, 바로 이 점이 한국의 친위쿠데타 시도가 실패한 결정적 이유로 평가된다.[6] 계엄 선포 직후에 많은 시민이 즉각 국회로 달려가서 군경의 국회 봉쇄를 막고 국회의 계엄 해제를 지원했으며, 시민이 주체가 된 광장의 민주주의가 헌법재판소의 최종 선고 때까지 강력히 지속되었기에 헌정질서를 회복하려는 헌법기관들의 노력도 효과를 발휘할 수 있었다.

이를 떠받친 내재적 힘은 '광장 속의 민주주의'였다. 광장에서 진정으로 중요한 민주적 경험은 '윤석열 파면'이라는 구호를 외치는 것만이 아니라, 많은 구체적 타인과의 만남과 소통, 이해, 공감, 배움이며, 이를 통해 자기 삶의 지평이 확장되는 변화의 과정이다. 광장에서는 평소 사회구조가 규정해온 자아의 좁은 경계를 넘어서 다양한 사람들의 삶을 피켓, 깃발, 전단지, 대화와 발언을 통해 보고 듣는다. 자유 발언 시간에 사람들은 무대 위에 오른 청소년, 대학생, 노조원, 농민, 자영업자, 구직자, 실업자, 페미니스트, 성소수자, 장애인, 이주자, 기후행동 활동가, 사회적 참사의 유가족, 팔레스타인과 연대하는 인권운동가가 들려주는 '이야기'를 들으면서 지금껏 몰랐거나 잘못 알았던 세계의 현실을 배웠다.

광장 속 민주주의는 참여자들이 공동의 가치와 규범을 실천하며 내면적 유대를 형성하는 과정에서 비로소 공고해질 수 있다. 그러한 공동성은 집회에 참여한 개개인들이 본래부터 어떤 공통의 문화를 갖고 있었기 때문에 형성되기도 하지만, 의식적이고 집단적인 노력을 통해 보다 높은 수준으로 실현될 수 있다. 비상계엄 직후에 1,500여 개 시민사회단체가 연합해 결성한 '윤석열즉각퇴진·사회대개혁 비상행동'은 총 60여 차례의 집회와 행진을 준비하고 인도하는 역할을 하면서, '비폭력' '평등' '다양성' '반혐오' '유쾌함'이라는 지향점을 명확히 했다. 나아가 비상행동은 그러한 가치를 구현하기 위해 「평등한 집회를 위한 모두의 약속」이라는 집회 안내문과 자유 발언자들을 위한 안내 문서를 작성했다. 일종의 행동지침Code of Conduct을 명문화한 것인데, 그 주요 내용은 다음과 같다.

- 모든 집회 참여자는 발언시 반말이나 비속어를 사용하지 않는다.
- 여성, 성소수자, 장애인, 청소년, 이주민 등 사회적 소수자와 비인간동물을 차별하거나 대상화하는 말과 행동을 하지 않는다.
- 타인에게 신체 접촉 및 성희롱 등을 하지 않는다.
- 특히 집회 발언자와 진행자는 자신의 발언의 무게와 영향력을 인식하여 말과 행동에 더욱 주의를 기울인다.
- 발언 시간의 불평등을 방지하기 위해 모든 발언자는 발언을 3분 내로 미리 준비한다.
- 특정 정당 또는 정치인을 옹호하거나 반복적으로 연호하는 등의 발언과 행위를 삼간다.

많은 참여자가 긴장이 고조된 시국에도 집회에 와서 오히려 안전감을 느끼고 긍정적 에너지를 얻을 수 있었던 이유는 많은 부분 이러한 집단적 노력의 결실일 것이다. 또한 집회 참여자들의 이 같은 규범과 가치, 규약 등은 광장 이후에 만들어갈 더 나은 세상을 미리 보여주는 장면이기도 하다.

이러한 집회 참여자들의 내면적 연대는 실제 집회 연대 행동으로 이어졌다. 그중 많이 언급된 예가 '남태령 집회'다. 2024년 12월 21, 22일에 경기도 과천에서 서울 서초구, 관악구로 들어오는 입구인 남태령고개에서 탄핵 집회에 참여하기 위해 트랙터를 몰고 올라오던 농민들이 경찰에 의해 봉쇄되었다. 그날 저녁까지 광화문 집회와 행진에 참여했던 많은 시민, 특히 젊은 세대 참여자들은 그 소식을 듣자마자 남태령으로 이동해서 농민들과 결합한 뒤 혹한의 밤을 지새우며 우리 사회의 농촌 현실과 젠더 불평등, 국가폭력, 위기에 빠진 민주주의에 관해 발언하고 공감하는 특별한 경험을 했다. 그뿐만 아니라 다음날 경찰의 봉쇄 해제를 달성하여 서울 한강진까지 트랙터 행진을 함께하는 전례없는 광경을 이루기도 했다. 이와 유사하게 2025년 1월 4, 5일에 걸쳐 법원의 윤석열 대통령 체포영장 집행을 촉구하는 한남동 집회에서는 많은 청년 참여자가 민주노총 노동자, 사회운동 활동가들과 함께 눈 내리는 한밤의 강추위 속에서 밤샘 시위를 했다. 그 과정에서 보온을 위해 은박 담요를 몸에 두르고 일명 '인간 키세스'가 된 이날 시위대의 모습은 많은 시민에게 깊은 도덕적 공명과 연대감을 불러일으켰다.

강력한 정치 주체로 부상한 청년세대

2024~2025년 광장에서 특별하고 의미심장했던 점은, 이명박 정부 시기인 2008년 미국산 소고기 수입 협정 반대 촛불집회나 2016~2017년 박근혜 대통령 탄핵 촉구 촛불집회와 비교

하여 청년들이 과거 그 어느 때보다도 강력한 정치 주체로 부상해 한국사회의 민주주의와 사회 개혁을 촉구하는 행동을 이끌었다는 사실이다. 근래에 '갈라진 2030' '청년들도 계몽됐다' 'MZ 세대는 윤카편' '이대남은 애국보수' 등의 담론이 유포되었고, 청년들을 탄핵 반대 집회 무대에 세우고 이를 언론이 대서특필하는 등 여러 방식으로 '청년'이 도구화되기도 했다. 하지만 여론조사 기관들에 따르면 12·3 계엄 이후 윤석열 탄핵에 반대하는 비율이 가장 적은 연령대는 일관되게 청장년 세대였다.[7]

민주주의사회에서 태어나고 성장해온 지금 한국의 청년들은 이전부터 윤석열 정부에 대한 불만이 누적되어 있긴 했지만 특히 비상계엄 선포로 그동안 자명하게 여겨온 민주주의가 한순간에 부정되는 것에 큰 충격을 받았고, 이제 시민으로서 책임감을 가지고 행동해야 한다는 자각이 커졌다고 이야기한다. 집회에 참여하지 않았거나 드물게 참여한 청년들 역시 집회에 대한 거부감보다는 본인의 경제활동이나 안전에 대한 우려 때문인 경우가 많았으며 집회 참여자들에 대해 긍정적 인식을 지닌 것으로 나타났다.[8]

다른 한편, 오래전부터 '정치에 무관심한 청년' '청년 보수화'를 주장하는 담론이 많았고 최근에는 심지어 '청년 극우화'를 우려하는 이야기도 적잖았다. 사실을 따져보면 청년세대는 정치에 무관심하지도 않았고 특별히 보수화하지도 않았다. 청년세대는 2000년대 중반 이후 2020년까지 투표율 증가폭이 가장 컸고, 박근혜 대통령 탄핵 촛불집회를 겪으면서 정치 참여의 효능감 또한 가장 높아진 세대였으나, 최근 몇 년간 제도정치에 대한 불신과 절망을 크게 느꼈다. 청년의 세대적 특성이 아니라 최근 정치의 문제인 것이다. 더구나 그런 실망에도 불구하고 청년들은 다양한 방식으로 사회문제를 고발하고 개선하기 위한 실천을 해왔다. 노동, 기후, 여성, 성소수자, 이주자, 인권, 평화, 민주주의, 국제 연대 등 여러 사회적 의제에 관심을 갖고 참여해온 청년들이 이번에는 정치 행동의 중앙에 선 것이다.

2008년과 2016~2017년에도 마찬가지였지만 특히 이번 탄핵 집회에서 2030대 여성들이 자임한 역할과 그들의 열정은 특별했다. 2030 여성은 집회 참여자 중 가장 큰 비중을 차지했고, 무대 위 공론장 참여와 노조, 농민, 소수자, 각종 사회운동들과의 연대에 대단히 적극적이었다. 오늘날 젊은 여성들은 여성으로서 느끼는 차별과 불평등, 폭력에 대한 문제의식을 바탕으로 그 밖의 다양한 사회구조적 문제들에도 민감하다. 나아가 2022년 대선 때 여성가족부 폐지, 여성혐오와 반페미니즘 선동이 선거 전략으로 활용되는 것을 경험하면서 젊은 여성들이 제도정치 비판과 개혁에 더욱 적극적으로 참여하기 시작했다. 특히 이들은 2015년 페미니즘 리부트 이후 지난 10년간 집회·시위, 해시태그 캠페인, 온라인 서명운동, 기부와 후원 등 다양한 형태의 집합행동 경험과 네트워크를 축적해왔기에 참여와 저항의 실천에 익숙하다. 계엄 이후 탄핵 집회에서 청년 여성들이 주도적 역할을 한 데에는 그러한 역사적·구조적 토대가 있었다.[9]

그러나 단순히 '진보적 청년 여성'과 '보수적 청년 남성'을 대비하는 것은 타당하지 않다. 젠더 불평등이 고착화된 우리 사회의 구조상 여성은 비판적·해방적 정체성을 발전시킬 경험적 토대를 갖게 되며, 그 점에서 남성은 동일한 위치에 있지 않다. 그러나 생물학적으로 남성인 인간 존재가 사회학적으로도 '남성'으로서의 위치와 정체성만을 갖는 것은 아니다. 그는 남성인 동시에 노동자, 회사원, 실업자, 구직자, 저소득층, 세입자, 자산 빈곤층, 부채 생활자, 장애인일 수 있으며, 그런 구조적 위치에서 사회의 문제들을 경험하며 변화를 꾀하는 주체가 될 수 있다. 실제로 청년 남성들의 정치 성향과 사회 인식이 여러 면에서 같은 세대 여성보다는 보수적이지만, 민주주의에 대한 지지, 반권위주의, 다원주의적 가치관, 현재의 탄핵 지지 등 많은 면에서 청년세대는 남녀 불문하고 중·노년 세대보다 진보적·개방적 경향을 보인다. 그러므로 '남녀 차이'를 단순하게 대비하는 것은 경계해야 한다.

극우들은 언제부터 광장에 있었나

계엄이 해제되고 국회에서 탄핵소추안이 가결되었을 때, 사람들은 박근혜 대통령 탄핵 때처럼 탄핵을 촉구하는 대규모 시민행동에 이어 헌법재판소의 파면 결정이 나고, 조기 대선을 치른 후 정국이 정상화되리라고 전망했다. 하지만 연말연시의 몇 주 사이에 윤석열 대통령측이 법원이 발부한 체포영장 집행에 경호처의 물리력으로 맞서고, 그의 지지자들은 한남동 대통령 관저 인근에서 대규모 군중집회를 열어 경찰의 법 집행에 대항하는 상황이 벌어졌다. 여론도 움직였다. 12월 셋째 주까지는 윤석열 대통령 탄핵에 찬성하는 이가 약 80%, 반대하는 이가 약 18% 정도로 탄핵 찬성 여론이 압도적이었는데, 한 달 뒤인 1월 셋째 주에는 찬성이 55~60%, 반대가 35~40%로 그 차이가 크게 좁혀졌다. 이로써 '12·3'은 완전히 새로운 국면으로 접어들었다.

그에 따라 극우 사회세력들이 정치 무대의 중심으로 부상하고, 대통령 지지층의 대다수가 이에 동조했으며, 집권당인 국민의힘이 극우세력과 손잡고 헌법기관을 공격하는 등의 중대한 사건들이 발생했다. 탄핵 촉구 집회에 버금가는 규모의 탄핵 반대 집회가 최초로 개최된 것은 2024년 12월 21일 광화문 세종문화회관 앞이었는데, 바로 대표적인 극우 인사 전광훈을 중심으로 자유통일당과 대한민국바로세우기국민운동본부(이하 대국본)가 주최한 행사였다. 이러한 극우단체들이 중심이 되어 이후 헌법재판소 선고까지 수개월간 탄핵 반대 투쟁의 전략을 수립하고, 대규모 집회를 조직하며, 폭력적인 담론을 생산했다. 12·3 계엄 선포가 위로부터의 국가폭력이었다면, 이와 같은 극우의 부상은 아래로부터 올라오는 집단적 폭력이 헌정을 위협하는 매우 낯설고 새로운 현상이었다.

많은 사람에게 큰 충격을 준 이들 극우세력은 12·3 계엄 이후 상황에 대한 즉각적 반응으로 생겨난 것이 아니다. 그동안 사회 저변에 구축되어온 수많은 극우의 참호들이 12·3 정국을 맞아 그 거대한 형체를 드러낸 것일 뿐이다. 민주화 이후 극우가 진화해온 역사에 관해서는 곧 상술하겠지만, 특히 최근 박근혜 대통령 탄핵과 문재인 정부 시기를 거치면서 극우의 대중적 기반이 크게 넓어졌고 집단행동도 활발해졌기 때문에, 윤석열 대통령의 탄핵과 정권교체 가능성이 높아진 상황에서 이들의 위기의식과 항의가 행동으로 불거지리라는 것은 충분히 예견할 수 있는 바였다.

〈그림 3〉은 비상계엄 선포 수개월 전 발표된 필자의 연구논문에 수록된 자료로, 지난 10년간 이념 성향별 정치적 집회·시위 참여자 비율이 해마다 어떻게 달라졌는지를 보여준다.[10] 가장 높이 솟아오른 2017년을 보면 자신이 '매우 진보'라고 응답한 사람 중 무려 40%가 집회·시위에 참여한 것으로 나타나는데, 이는 2016~2017년 박근혜 대통령 탄핵 촛불집회가 반

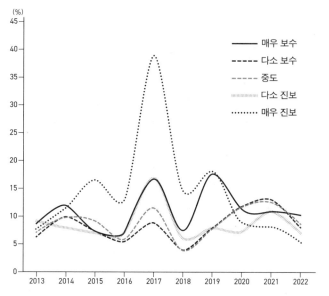

그림 3 이념 성향별 정치적 목적의 집회·시위 참여자 비율 변화(2013~2022)

자료: 한국행정연구원. 「사회통합실태조사」, 2013~2022.

영된 수치이다. 여기서 주목할 점은 '매우 보수'라고 응답한 사람들의 집회 참여율도 당시에 급상승했다는 점인데, 이는 당시에 탄핵 반대 집회의 참여자 역시 적지 않았음을 시사한다. 한데, 그다음의 변화 추세가 의미심장하다. 2019년에는 '매우 진보'와 '매우 보수'의 집회·시위 참여율이 비슷해졌고, 윤석열 대통령 당선으로 정권이 교체된 2022년에는 '매우 보수'의 집회·시위 참여율이 가장 높았다. 말하자면, 강경 보수 성향의 사회세력들은 그들에게 중요한 정치 상황이 닥치면 열정적으로 출정할 준비가 되어 있었던 것이다.

물론 '매우 보수'라는 응답이 곧 '극우'임을 의미하는 것은 아니다. '보수'와 '극우'는 질적으로 다른 개념이므로, 강경 보수가 곧 극우를 뜻하거나 보수성이 강해질수록 극우에 가까워진다고 말할 수 없다. 그러나 현실에서 '보수'라고 불리는 정당과 정치인, 사회세력 가운데는 극우 성향인 이들이 상당히 포함되어 있을 수 있다. 혹은 극우가 아닌 보수라고 자처하지만, 실은 사고나 행동이 명백히 극우적인 경우도 있다. 일례로 『시사IN』의 의뢰로 한국리서치가 2025년 2월에 실시한 조사에 의하면, 비상계엄이 정당했다고 응답한 사람은 전체의 18%인데 스스로 '보수'라고 밝힌 이들 중에서는 비상계엄 옹호가 무려 42%에 달했다.[11] 학문적으로 친위쿠데타로 해석되며 헌법재판소가 헌법 위반으로 판정한 비상계엄을 옹호하는 42%의 '자칭 보수'는 과연 보수인가, 극우인가? '극우'란 정확히 무엇이며, 어떤 특성을 통해서 극우라고 말할 수 있는가?

한국의 '보수우파' 집단은 과연 '극우'인가?

극단주의 연구의 권위자인 독일의 정치학자 에크하르트 예세는 극단주의extremism란 민주적 헌법국가의 민주적·헌법적 요소, 즉 다원주의, 다당 경쟁, 정치적 반대의 권리, 권력분립, 보편적 기본권 등을 거부하거나 제한하려는 것이라고 규정했다.[12] 특히 독일에서는 극단주의에 대응하는 법제도와 정부조직이 잘 갖춰져 있어, 위의 정의는 단순히 학술적 개념을 넘어 공권력의 규제와 처벌, 나아가 헌법에 적대적인 정당 및 사회단체를 해산하거나 그에 대한 국가의 재정지원을 중단하는 데 적용되는 법적 기준으로도 작용한다.

이 같은 정의를 숙고해보면 극단주의는 현대의 보편적인 정치 원리와 사회적 가치들에 대한 공격이 핵심이며, 단지 생각이나 언행의 과격함을 뜻하지 않는다는 것을 알 수 있다. 저명한 우익 극단주의 연구자인 빌헬름 하이트마이어는 극단주의의 본질을 폭력성에서 찾는 피상적 이해 때문에 물리적 폭력을 행한 범법자들에게만 사회적 관심이 집중되는 경향이 있음을 비판하면서, 극우 문제의 원인과 해법을 찾으려면 '사회의 중심부'를 봐야 한다고 주장했다.[13] 극단주의 폭력과 혐오를 발생시키는 진정한 원천은 사회의 권력층과 엘리트 집단이라는 것이다. 한국에서도 민주화 이후 정치적으로나 담론적으로 영향력 있는 극우 성향 단체들의 발기인과 임원은 주로 전·현직 총리, 장관, 판사, 검사, 교수, 목사, 언론인, 군 장성 등 정치·사회 엘리트층이었다. 또한, 극우단체의 재정을 재벌이나 기업가 단체 같은 경제 엘리트들이 지원하는 경우도 적잖았다.

극단주의는 극우와 극좌 모두에 적용될 수 있는데, 1970년대에는 일본, 이탈리아, 독일의 '적군파'와 같은 극좌 테러리즘 문제가 심각했다면 1980년대 이후 세계적으로 문제가 되는 건 주로 극우 극단주의였다. 극좌는 자유, 다원주의, 민주주의 등의 가치를 희생시키면서까지 평등주의를 극단으로 추구하는 경향이 있고, 극우는 평등주의를 강하게 부정하여 복지, 노조, 페미니즘, 성소수자 인권 등 평등을 추구하는 사상과 운동에 극도의 적대감을 보인다. 그런 의미에서, "'극우'는 많은 경우 폭력의 위협이나 행사를 통해 민주적 기본권을 제한하거나 또는 폐지하고, 그들이 생각하는 '표준적 규범'에서 벗어나는 소수자들을 배제하거나 추방하고, 심지어는 절멸하며, 사회적 해방과 민주적 참여의 목적을 추구하는 세력들을 약화하거나 제거하려는 행위나 인물, 조직을 지칭한다."[14]

극우 이데올로기는 인종주의, 제국주의, 식민주의, 반유대주의, 반이슬람주의, 자민족중심주의, 반공주의, 반페미니즘, 성소수자혐오, 이주노동자혐오, 난민혐오 등 시대와 지역에 따라 매우 다양한 특성을 보이며 표출된다. 극우주의와 포퓰리즘 분야에서 저명한 학자인 카스 무데는 극우에 대한 수십 개의 학술적 정의를 체계적으로 분석하여 가장 빈번하게 언급되는 요소로 반민주주의, 권위주의 국가관, 외국인혐오, 인종주의, 배타적 내셔널리즘을 추출했으며, 그중에서도 반민주주의가 극우의 가장 핵심적인 특성임을 밝혀냈다.[15] 위와 같은 개념 정의로 보았을 때, 계엄 이후 '탄핵 반대'를 목표로 개최된 대중집회는 대부분 그 주최 단체, 주요 연사, 구호와 담론, 주장 등의 측면에서 '극우 집회'였다고 말할 수 있다.

극우 사회세력은 반공·반북 단체, 퇴역 장성 단체, 뉴라이트 단체, 유튜버에 이르기까지 매우 다양한데 윤석열 탄핵 반대 행동에서 독보적이었던 단체는 개신교 집단이다. 물론 개신교인의 다수가 극우 성향인 것은 아니다. 기독교사회문제연구원의 2019년 조사에 의하면 개신교인은 진보층과 보수층 비율이 모두 다른 종교에 비해 높아 이념적 양극화가 뚜렷하며, 심지어 스스로 진보라고 밝힌 신자(32.0%)가 보수(21.4%)보다 많다. 그러나 보수 개신교인 중 극우의 주장에 동조하는 수가 적지 않다. 예를 들어 전광훈의 주장에 동의하거나 적극 지지하는 사람이 13.4%이고, 60대 이상 신자 중에서는 16.2%에 달한다. 젊은 세대엔 타민족에 배타적인 신자가 많아서, '임시 보호라도 난민을 받아들여선 안 된다'는 의견에 동의한 20대 개신교인 비율이 무려 30.6%로, 20대 비개신교인의 동의율인 24.7%보다 꽤 높고, 비개신교인 평균 18.1%보다 훨씬 더 높았다.[16] 더구나 '보수' 성향 대형 교회 목회자들은 전통적으로 반공주의와 동성애자 인권에 적대적인 성향이 매우 강해서 사실상 '극우'와의 경계가 불분명하고, 교회에 만연한 가부장적 문화로 인해 목회자의 극우적 태도에도 신자들이 공개적으로 반대하지 못하는 경우가 많다. 즉 개신교인 다수가 극우는 아니지만, 개신교 내에 극우적 흐름이 주도권을 쥘 수 있는 토대가 존재한다.

탄핵 반대 집회 중 가장 극단적 성격을 띠었던 집회는 전광훈 목사가 이끄는 광화문 집회였는데, 여기에 자유통일당, 대국본 등 명백히 극우 성향인 정당·사회단체가 주축이 되었고, 전광훈 목사가 회장으로 있던 한국기독교총연합회(이하 한기총) 계열의 교회들과 구성원들이 다수 참여한 것으로 알려져 있다. 집회장에서 시민들의 발언이 모두 극단적이었던 것은 아니지만, 주요 연사들의 구호와 주장은 대단히 폭력적이어서 야당, 노조, 시민단체, 윤석열 탄핵에 찬성하는 사람들을 '간첩' '종북' '중국공산당' '반국가 세력' '체제 전복 세력' '공산 전체주의자'로 규정하며 극도의 증오를 표출했다. "빨갱이는 죽여도 돼"라는 문구나 "민주당 간첩들을 처단하자"라는 구호로 연사들이 선동하고 수만 군중이 연호한 장면이 그 한 예다.

또하나의 흐름을 대표하는 세이브코리아는 2025년 1월에 부산 세계로교회의 손현보 목사를 주축으로 결성한 단체다. 이들은 1월 11일 여의도 집회를 시작으로 이후 매주 토요일에 전국의 여러 도시에서 동시에 '세이브코리아 국가비상기도회'라는 이름으로 정치집회를 개최했고, 매번 부산, 대구, 광주 등 중점 도시를 정하여 참여자 수와 사회적 관심을 극대화하는 전략을 취했다. 세이브코리아의 배경에는 많은 '보수' 대형 교회 조직과 목회자, 신자가 있다. 오늘날 개신교 최대 연합단체인 한국교회총연합회(이하 한교총)를 비롯하여 여러 보수 연합단체와 교단, 대형 교회들이 2024년에 동성애와 차별금지법 제정 반대를 중심으로 '거룩한방파제 통합국민대회' '악법저지를 위한 2백만 연합예배' 등을 치렀는데, 그 준비 조직의 핵심 인물 중 일부가 이후 세이브코리아를 주도하게 된다. 집회의 연사로는 목회자들과 교수, 언론인, 국민의힘 국회의원, '일타강사' 출신 전한길 등 다양한 인물이 오른다. 세이브코리아는 전광훈파보다 좀더 세련된 담론과 의례를 구사하며 청년과 청소년들을 적극적으로 포섭하는 등 차이를 보이긴 하지만, 본질적으로는 자신들이 반대하는 사회구성원을 절멸과 추방의 대상으로 규정하고 야당, 법원, 헌재 등 대의·헌법기관을 노골적으로 공격한다는 점에서 앞서 서술한 '극우'의 정의에 명백히 부합한다.

이 같은 집회에 참여하는 시민들이 모두 '극우주의자'이거나 '극우 폭력'에 동참한 것은 아니다. 그러나 윤석열 탄핵에 반대하는 사람 중 다수는 다음과 같이 믿고 있다. 비상계엄은 공산주의로부터 나라를 지키기 위한 행위였다. 윤석열 대통령이 탄핵되고 정권이 교체되면 대한민국은 공산화되어 중국에 넘어갈 것이다. 현재 민주당이 170석 넘는 의석을 확보한 것은 북한과 중국이 조작한 부정선거 덕분이다. 서부지방법원(이하 서부지법)에 난입하여 기물을 파괴하고 판사 폭행을 시도하거나 '좌파' 헌법재판관들을 협박하는 등의 폭력행위는 정당하다 등이다. 최근 조사에 따르면 '12·3 계엄은 정당했다'고 밝힌 응답자가 전체의 18%나 되었고, '서부지법 폭력은 저항권 행사'라는 응답이 20%, '정권교체가 되면 홍콩처럼 중국의 속국이 될 것'이라는 응답이 28%, '부정선거 증거가 없다는 대법원 판결을 신뢰하지 않는다'는 응답이 34%에 달했다.[17] 그런 점에서 상당수의 탄핵 반대 인구가 '극우적 주장에 동조'하는 세력이라 할 수 있는데, 이들의 신념은 윤석열 대통령 탄핵 후에도 바뀌지 않았을 가능성이 크다.

이처럼 '극우'는 그 극단성의 정도에 따라 △극우적 사고를 하거나 그 주장에 동조하는 단계, △극우적 주장과 이데올로기를 공공 앞에서 주창하는 단계, △집단적·조직적인 극우 활동을 하는 단계, △물리적 폭력을 행하는 단계, △민주적 헌정 체제를 공격하는 단계 등 여러 층위로 나눌 수 있고, 각 층위에 대해 각기 다른 대응이 요구된다.

극우에 대한 법적 대응과 '반나치법'

다만, 극우에 대해 법으로만 다스리는 것이 옳은가에 대해서도 숙고가 필요하다. 만약 낮은 수준의 극우 성향을 보이는 광범위한 인구에 대해 국가가 감시와 법적 처벌로 대응한다면, 역설적이게도 바로 그 대응 행위가 시민들의 민주적 기본권을 침해할 수 있다. 그와 반대로 높은 수준의 조직적 극우 활동과 타인에 대한 폭력행위, 헌정 체제에 대한 공격을 자유의 이름으로 허용한다면, 자유를 표방하는 극우 집단에 의해 민주주의의 기본질서가 위협받는 결과를 낳을 수 있다.

높은 수준의 극단주의 행위를 규제하는 예로 독일의 국민선동죄 규정이나 일본의 헤이트스피치해소법 등을 들 수 있으며, 한국에서 오랫동안 논의되어온 차별금지법과 그 밖의 혐오행위 금지에 관한 입법 논의들도 여기에 해당한다.

독일의 예를 들자면 극우적 증오와 차별, 명예훼손 행위를 강력히 규제하는 독일 형법 130조 '국민선동Volksverhetzung' 조항은 일명 '반나치법'이라고도 불리는데, 이 법은 제1항에서 "공공의 평온을 교란하기에 적합한 방식으로 ① 국가적 또는 인종적, 종교적, 출신 민족에 의해 특정된 집단, ② 주민의 일부에 대하여, 혹은 ③ 전술한 집단 또는 주민의 일부에 소속되었다는 이유로 개인에 대하여 혐오를 선동하거나 그들에 대한 폭력적·자의적 조치를 요구하는 행위 및 모욕적 멸시, 악의적 경멸 또는 중상하여 타인의 인간 존엄성을 침해하는 행위"를 금지하고 있으며, 제2항에서 "제1항의 혐오 선동, 폭력적·자의적 조치의 요구, 모욕적 멸시, 악의적 경멸, 중상 등을 ① 문서로 반포하거나, ② 일반 대중에게 그 문서를 공개하거나, ③ 18세 미만인 자에게 그 문서를 제공·양도·공개하거나, ④ 방송 또는 텔레미디어를 통해 대중 선동적인 내용을 일반 대중 또는 18세 미만인 자에게 공개하거나, ⑤ 그와 같은 문서를 이용하기 위해서 또는 타인으로 하여금 이용하도록 하기 위해, 이를 작성·교부·전달·보관·제공·습득·수수하는 행

위"를 처벌할 수 있도록 규정한다.[18]

극우세력은 사회에서 그들의 '자유'가 어디까지 허용되는지를 시험하는 경향이 있으며, 가능하기만 하다면 그들이 증오하고 적대시하는 인간 집단의 기본권을 말살할 수 있는 데까지 헌정을 파괴하려 하므로 법과 공권력이 이에 단호하게 대응하는 것이 매우 중요하다. 그러나 사회 저변에서 완곡하고 우회적인 방식으로 생겨나고 확산되는 혐오, 증오, 차별에 공공제도의 규제와 처벌로 대응하기는 어렵다. 궁극적으로 일상 소통과 교육 혁신, 사회관계의 민주화, 사회적 고립의 극복, 구조적 불평등 완화에다 이를 목표로 하는 정책과 제도, 정치 엘리트들의 의지와 역량 등 매우 포괄적인 과제들이 실현되어야 하므로, 극우 문제의 해결이란 사회 전체의 상당한 각성과 집단적 노력에 의해서만 가능하다.

1987 민주화 이후 한국 극우의 진화

탄핵 반대 집회에서 두드러졌던 단체는 극우 및 보수 개신교 계열이었지만, 극우세력의 그 존재 형태와 조직적 거점은 매우 다양하다. 탄핵 정국 동안에 극우 유튜버들과 '신남성연대' 등 반페미니즘 단체, 그리고 '자유대학'이나 '탄핵을 반대하는 대한민국 청년들'(탄대청)과 같은 윤석열 지지 청년단체들을 포함하여 여러 집단이 주목받았다. 그러나 그들조차도 오늘날 전체 한국 극우 또는 강경 보수세력의 일부에 불과하며, 앞에서 강조한 바와 같이 국가 및 사회의 파워엘리트 집단과 오래된 반공·반북 단체, 뉴라이트 단체와 그 후신들, 그리고 SNS와 생활공동체를 매개로 형성된 일상적 사회 연결망에 이르는 매우 폭넓은 스펙트럼이 존재한다는 점을 인식하는 것이 중요하다. 노무현 정부 때 뉴라이트 단체들이 발흥했고, 문재인 정부 때 9·19 남북군사합의 후 퇴역 장성 단체들이 격렬히 반발했으며, 윤석열 탄핵 정국에서 개신교 조직들이 탄핵 반대 집회를 주도한 데서 볼 수 있듯이, 각 시기의 주요 쟁점과 환경에 따라 극우의 전체 구조 안에서 각기 다른 부위가 수면 위로 떠오르고 나머지 부분이 이를 떠받치는 식으로 재편된다.

〈표 2〉는 그처럼 다양한 극우 또는 강경 보수세력의 유형들과 조직 거점을 보여준다. 이 표에 극우적 주장과 활동을 했거나, 하고 있는 많은 단체 중에서 일부 사례를 제시했다. 이 사례 가운데 어떤 경우는 단체의 목표와 활동 전체가 극우적 성격을 띠지만, 많은 경우 강경 보수 성격과 극우적 성격이 혼재되어 있다. 또한, 처음에 극우 성격을 띠던 단체가 나중에 달라지기도 하고, 반대로 극우단체가 아니었다가 나중에 변질되기도 한다. 그러나 그러한 복잡성에도 불구하고 우리는 어떤 구체적인 신념, 발언, 활동이 극우적인지 아닌지는 비교적 분명히 규정할 수 있다.

신진욱

표 2 극우 또는 강경 보수 세력의 다양한 유형과 조직적 거점

범주	구체적 사례
연합단체	대통령탄핵무효국민저항총궐기운동본부, 문재인하야범국민투쟁본부, 대한민국바로세우기국민운동본부, 애국단체총협의회, 신자유연대 등
반공·반북 단체	한국자유총연맹, 반핵반김국민협의회, 국민행동친북좌익척결본부, 북핵저지시민연대, 한국자유회의, 서북청년단, 반공청년단 등
퇴역 군인 단체	대한민국수호예비역장성단, 육해공군예비역대령연합회, 해병대구국결사대(애국기동단 산하조직) 대한민국고엽제전우회
개신교 교회 및 정치·사회 단체	한국기독교총연합회, 사랑제일교회, 세계로교회, 세이브코리아, 자유통일당, 자유마을 등
뉴라이트 단체	뉴라이트전국연합, 자유주의연대, 자유기업원, 바른사회시민회의, 자유개척청년단, 자유대학생연합
반페미니즘, 반동성애 단체	신남성연대, 안티페미협회, 한국교회동성애대책협의회, 반동성애기독시민연대 등
온라인 커뮤니티	일베저장소(극우 성향이 지배적), 에펨코리아, 디시인사이드(다양한 사용자와 커뮤니티 가운데 극우 성향의 집단 존재) 등
유튜브 채널	고성국TV, 안정권TV, 신의한수(신혜식), 그라운드씨(김성원), 신남성연대(배인규), 김사랑 시인 등
일상 사회 연결망	카카오톡 등 SNS를 통한 사회 연결망에서 극우적 콘텐츠와 음모론, 허위 정보, 집회·시위 정보 유통, 참여 독려 또는 사회적 압력 기제

그와 같은 다양한 극우 조직과 공동체, 인적 네트워크는 고도의 동질적 이념이나 정체성을 지니지 않으며 각기 다른 적대와 혐오의 대상을 갖고 있지만, 노무현 집권, 박근혜 탄핵, 윤석열 탄핵과 같은 상황이 닥치면 공동의 적을 상대로 강력히 연대한다. 이들은 지금 동시대적으로 공존하고 있지만 오랜 세월에 걸쳐 각기 다른 정치·사회적 맥락에서 형성되어온 조직이자 공동체이다. 한국의 극우세력, 극우 조직, 극우 이데올로기는 일제강점기와 군사독재 시기까지 거슬러올라가는 긴 역사를 지닌다. 1987년 민주화는 그처럼 수십 년간 지속된 극우 지배체제에 큰 균열을 낸 최초의 역사적 전환점이었지만, 민주화 이후에도 극우세력들은 정치, 사회, 문화의 변화에 저항하고 반발하면서 꾸준히 힘을 재건하며 진화해왔다. 이러한 변화를 크게 네 단계로 구분해볼 수 있다.

첫번째는 민주화에 대응하는 초기적 조직화 단계다. 정치체제가 민주주의로 바뀌었다는 것은 다양성과 불확실성이 생겼다는 뜻이다. 선거에서 다수의 유권자가 자유주의나 진보주의 정치세력을 선택하면 정권을 넘겨주는 것이 민주주의 원칙이다. 극우의 정치 환경이 불안정해진 것이다. 민주화 이후 과거의 극단적인 반공, 반북, 반복지, 반인권 질서를 더이상 보장받지 못한다는 불만과 위기감으로 일부 세력이 조직적으로 결집하기 시작했다. 대표적인 예로, 이승만의 반공연맹을 계승하는 '한국자유총연맹', 전두환의 사회정화위원회를 계승하는

'바르게살기운동본부', 극우 성격이 강한 '한기총' 등이 모두 1987년에서 1989년 사이에 창립되었다. 그리고 새마을운동중 앙협의회, 자유총연맹, 바르게살기운동본부라는 보수 성향의 세 개 단체에 특혜를 제공하는 특별법이 노태우 정권 때 제정 되어 지금까지 이어지고 있다.

두번째 단계는 극우의 조직화와 네트워킹, 연대활동이 진 전된 시기다. 극우의 동력이 아래로부터 폭발적으로 터져나온 것은 민주화 이후 최초로 정권교체가 이뤄진 김대중 정권과 노무현 정권 때였다. 민주당 정권의 정책들에 반발한 강경 보 수 세력들이 새로운 조직을 창립하거나 기존 조직들의 정치활 동을 활성화했는데, 그들이 모두 민주주의를 공격하고 헌법적 기본권을 부정한다는 의미의 극우는 아니었지만 독재 시대 반 공주의 이데올로기를 많은 부분 계승했다. 또한 새로이 강화 된 신자유주의적 반노조, 반복지, 반좌파 이데올로기를 오래 된 반공주의와 결합하여, 정부의 복지정책이나 친노동 정책을 '공산주의'로 매도하고 극렬히 공격하는 경향이 강해졌다.

특히 노무현 정부 중반기인 2004~2005년에 국회의 노무 현 대통령 탄핵소추가 강력한 국민적 저항에 부딪히고 헌법재 판소에서도 기각되며, 한나라당이 2004년 국회의원 총선거에 서 참패하여 '천막정당'으로 나앉게 되었을 때, '보수의 위기' 를 강하게 감지한 많은 사회세력이 '뉴라이트'라는 이름으로 대대적인 조직화와 연대활동을 벌였다. 뉴라이트 단체 및 인적 네트워크에는 재벌과 전경련 등 기업가조직, 전·현직 정부 각료, 판사, 장성, 언론인, 대학교수, 대형 교회 목사 등 매우 폭넓은 기득권 세력이 참여했다. 처음에는 '합리적 보수' '보수의 현대화'를 지향하는 시도도 있었지만, 점차 극우적인 반좌파, 반노조, 반복지, 반북 세력이 주도권을 잡았고, 이명박, 박근혜 정권 때 청와대, 정부, 여당의 핵심부로 대거 진출했다.

세번째 단계는 극우의 대중화와 대규모 집단행동의 일상화가 진행되는 시기다. 박근혜 대통령 탄핵 정국에서 촛불집회가 '국민' 혹은 '시민'의 일반의지를 대표한다고 믿은 이들이 많았지만, 반대쪽에서는 '태극기 단체'들이 급성장했고 정치집회의 경험을 쌓은 분노한 우익 대중이 형성되고 있었다. 이후 문재인 정부 5년 내내 서울 한복판에서 대통령의 '처형'과 '종북' '좌파' '반국가 세력'의 처단을 부르짖는 대규모 집회가 개최되었다. 그러한 정치적 회합이 거듭 개최되면서 거기서 공유하는 세계관과 정체성이 많은 참여자의 내면에 습성화되었다.

김대중, 노무현 정부 때만 하더라도 정치집회의 참여자는 주로 '보수 단체' 회원들이었다. 하지만 박근혜 대통령 탄핵 반대 투쟁 이후에는 많은 '일반 시민'이 집회에 참여했고, 극우적 언어와 주장들에 익숙해졌다. 윤석열 대통령 탄핵 반대 집회에 등장한 '처단' '죽여' '밟아' 같은 잔혹한 구호들이 단지 윤석열 대통령 탄핵과 정권교체의 위험에 직면한 보수층의 히스테

표 3 민주화 이후 극우의 확장과 진화

	단계	주요 내용
1단계	민주화에 대응하는 초기 조직화	1987년 민주화 이후 독재 시대의 질서 붕괴 위협을 느낀 단체들이 보수 단체의 이름으로 극우 성향 단체들을 설립
2단계	본격적인 조직화와 이념적 과격화	김대중, 노무현 정부의 정책과 사회문화적 변화에 위기의식을 느낀 세력들이 보수 단체들을 조직화하고 과격한 이념을 지닌 우파가 주도권을 잡기 시작
3단계	극우의 대중화와 대규모 집단행동	박근혜 탄핵과 문재인 정부를 겪으며 극우 집회 경험을 축적한 대중이 형성되고, 소셜미디어를 통해 극우적 사고와 담론이 내면화됨
4단계	극우의 권력화와 보수의 극우화	윤석열 정부에서 극우 파워엘리트가 정치권력과 국가기관을 장악, 12·3 이후 극우 사회세력이 보수정치의 주류가 되고 보수정당이 극우화됨

릭한 반응이라고만 생각했다면 오해다. 그러한 언어적·행태적 레퍼토리는 문재인 정부 5년 동안 반복적으로 실행되고, 일상화되고, 서로를 잇는 집단 정체성의 중심 요소로 자리잡았다. 그 결과, 많은 사람이 '우파'를 자처하고, '좌파'에 대한 적대감을 통해 '우리와 그들'을 나누고, '그들'을 대한민국의 '적', 추방해야 하는 '비非국민', 제거해도 되는 '비인간'으로 대상화하는 데 익숙해졌다.

극우의 대중화를 촉진한 또하나의 요인은 소셜미디어, 인터넷을 통한 정보와 담론의 확산이다. 그러한 과정은 크게 두 요인에 강하게 영향받은 것으로 생각된다. 하나는 박근혜 대통령 탄핵을 계기로 보수층이 기성 언론을 불신하게 되었다는 점이다. 조선일보, 중앙일보, 동아일보 등 보수적인 논조를 지닌 신문과 TV조선, JTBC 등 종편 방송이 박근혜 탄핵에 상당히 기여했기 때문에 탄핵 반대자들이 '모든' 기성 언론을 불신하고 유튜브와 인터넷의 '우파 대안 매체'를 신뢰하는 큰 변화가 일어났다.[19] 다른 하나는 코로나 팬데믹 기간에 외부 활동과 대면 소통이 크게 줄고 인터넷과 유튜브 이용이 급증했다는 점이다. 최근 조사 결과에서 입증되었듯이 정치 유튜브 시청은 비상계엄 구국론, 부정선거 중공(중국공산당)배후론, 민주당 공산화론 등 극우적 사고와 밀접한 관련이 있다. 이처럼 극우의 대중화는 박근혜 탄핵, 문재인 정부에 대한 반발, 코로나 팬데믹 등 복합적 시대 상황 속에서 진행되었다.

마지막으로 살펴볼 네번째 단계는 윤석열 정부 출범과 더불어 시작된 극우의 권력화, 보수정치의 전면적 극우화다. 이 단계의 핵심은 민주화 이후에 사회 여러 분야에서 성장해왔으나 제도정치의 외곽 또는 변방에 주로 머물러 있던 극우세력과 그 언어, 이데올로기가 윤석열 대통령을 통해 정치권력의 정점으로 올라섰다는 데 있다. 이명박, 박근혜 정부 때도 뉴라이트 단체 임원 출신 인사들이 정부 고위직이나 여당 정치인으로 오고는 했지만, 윤석열 정부에 와서 대통령과 부처 장관, 정부 위원회 위원장, 여당 지도부가 노골적으로 극우적 태도를 취하는 모습은 민주화 이후 '보수정치'에서 초유의 일이다.

윤석열 대통령은 원래 특정한 이념이 있었다기보다는 극우적 인성 구조를 가졌던 것으로 보인다. 그런데 대통령으로 당선된 후 가장 폭력적이고 단순화된 형태의 극우 이데올로기를 내면화한 것이다. 집권 초기부터 대통령실에 과거 뉴라이트 전력이 있는 극우 인물들을 외교·안보 실세로 기용하더니, 집권 2년 차인 2023년 여름부터 과거 독재 시대의 반공 이데올로기 언어들을 원형 그대로 재현하는가 하면, 2024년 총선에서 국민의힘이 패배한 뒤 국정 방향을 온건화하는 것이 아니라 오히려 더 극단으로 밀고 나가 대통령실과 정부 부처 고위직, 정부 위원회 등에 극우 성향 인사들을 대거 등용했다. 12·3 비상계엄은 이 같은 당·정 인적 구성을 배경으로 일어났으며, 따라서 친위쿠데타 시도가 실패로 돌아가자 윤석열 대통령뿐 아니라 국민의힘 지도부와 정부 고위 관료들이 극우세력과 손잡고 내란을 옹호한 점은 그들의 이데올로기 성향과 내재적 연관성이 있다.

이처럼 12·3 이전에 윤석열 정부의 파워엘리트를 통해 극우가 권력을 가지게 됐다면, 12·3 이후에는 극우세력이 보수정치의 주류로 부상하고, 보수정당을 표방하던 국민의힘이 전면적으로 극우화되었다. 극우 개신교 집단과 사회 주변부의 '아스팔트 우파' 집단들은 정치권력 외곽에서 갑자기 막강한 정치적 힘을 가지고 정치 무대 중심에 서게 됐다. 우파 권력의 한쪽 축에 검찰을 위시한 국가 엘리트 집단이 있다면, 또다른 한 축에 탄핵 반대 투쟁의 지도자들이 부상했다. 한편, 집권당 국민의힘이 이 과정에서 전면적으로 극우화됐다. 한국의 보수정당들은 독재 시대의 유산인 극우적 요소를 민주화 이후 어느 정도 제한해왔다. 그러나 12·3 이후 국민의힘이 극우정당의 성격을 강하게 드러냈다.

'극우정당'이 어떤 정당인지를 생각해보면, ① 당의 공식 목표와 정강·정책이 극우적이다, ② 극우적 정치활동을 하고 극우단체들과 협력한다, ③ 극우적 정치인들이 당의 권력구조의 상부에 있다, ④ 극우적 유권자들이 당의 주요 지지기반이다[20] 등의 특징을 들 수 있는데, 그런 관점에서 본다면 국민의힘은 ①만 비극우적이며 나머지 부분에서는 극우 성향이 분명한 정당인 셈이다. 당의 다수 정치인과 지지자들이 반헌법적 비상계엄을 옹호하고, 부정선거론 등 음모론으로 선거제도의 정당성을 훼손하며, 법원 난입을 정당화하고, 극우단체들과 공동행동을 해왔으니 말이다.

파시즘으로 향하는 극우세력

이처럼 극우세력이 대중화되고 권력화되면서 12·3 탄핵 정국에서 종국에는 파시즘fascism의 경향이 나타나기에 이르렀다. 학술적으로도 파시즘에 관한 다양한 이론들은 그것의 이데올로기, 운동, 폭력, 계급성, 사회구조적 결과 등 각기 다른 관점에서 접근해왔다. 그런 복잡성에도 불구하고 그동안 많은 연구가 파시즘으로 간주해온 대상들에는 중요한 공통점이 있다. 그것은 바로 군사독재, 일인독재, 일당독재 등 '위로부터의 권위주의적 강압'이 지배적인 비민주적 정치체제와 달리, '아래로부터의 대중의 자발성'이 위로부터의 국가폭력과 상호작용하면서 결합되는 양상을 보인다는 점이다.

한국에서도 12·3 이후 탄핵 정국에서 극우 사회세력의 대중행동이 군사쿠데타를 시도한 정치세력과 손잡고 민주 헌정을 공격하는 사태가 벌어졌다. 이러한 구도는 위로부터의 국가폭력은 있지만 이에 대한 사회적 지지는 소극적인 경우와 구분되며, 또한 아래로부터의 극우 폭력은 있지만 정당정치와 공권력이 이를 적절히 통제하는 상황과도 구분된다. 한국인들에게 익숙한 집단적 기억과 서사는 위로부터의 국가폭력에 대해 민주적 시민사회가 저항하는 구도였다. 그와 달리 '사회'가 국가폭력을 지지하며 대중행동에 나서고, 더구나 '애국' '국민' '저항' '민주주의'의 이름으로 그런 폭력을 행하며, 가까이 있는 가족, 친구, 연인, 동료, 이웃이 폭력의 편에 서는 상황은 해방 정국과 이승만 시대 이후 한국 현대사에서 매우 낯선 풍경이다. 이러한 파시즘 상황에서는 누군가의 존엄을 파괴하는 국가폭력이 다른 사회구성원들의 동의와 동참 속에 자행될 수 있으므로 사람들은 특히 이 상황에 두려움을 느낄 수밖에 없다.

다만 사회현실을 '파시즘이냐, 아니냐?'라는 단순한 이분법으로 판단하면 복잡하고 역동적인 현실을 섬세하게 포착할 수 없다. 현실에는 1과 0만 있는 것이 아니라 '파시즘 체제' '파시즘 정당' '파시즘 대중운동' '파시즘 이데올로기' '파시즘의 사회적 토양과 구조적 조건' 등 다양한 층위가 존재한다. 이러한 다층 구조를 이해하지 못하면 파시즘이 무르익어가는 위험한 상황에서 '아직 파시즘 체제는 아니다'라고 안이한 인식을 하거나, 그와 반대로 아직 파시즘 체제의 조건이 미성숙한 상황에서 '파시즘 체제가 임박했다'는 과장된 판단을 하는 양 편향에 빠질 수 있다.

파시즘 연구의 대가인 로버트 팩스턴은 파시즘이 매우 복잡한 현상이기 때문에 "지도자, 국가, 파시스트 정당, 시민사회의 상호작용"을 종합적으로 고찰해야 하고, 파시즘을 "어떤 고정된 본질의 표출"로 볼 것이 아니라 "파시즘이 탄생해서 자라나는 전체 과정"에 주목해야 한다고 주장했다.[21] 이처럼 '과정으로서의 파시즘'을 중시하는 접근은 어떠한 구체적 상황에서 파시즘적 요소들이 탄생하고 성숙하며, 약화하고 중단되었다가 부활하는지, 그 역동적 과정에 주목한다. 그와 같은 '파시즘 발전단계론'에 비추어 한국에서 12·3 이후 사건 전개 양상을 살펴, 〈표4〉에서 제시한 바와 같이 어떤 의미에서 어느 정도로 원숙한 파시즘 단계까지 온 것인지를 가늠해볼 필요가 있다.

표 4 파시즘의 발전단계와 12·3 이후 사건 전개

		파시즘의 발전단계	12·3 이후 사건 전개
파시즘 조건	1	심각한 구조적 위기: 전쟁, 내전, 주변국의 혁명, 자본주의 위기, 가공된 '외부 위협'	1997년 금융위기 이후 지속되는 경제 불평등과 불안정, 한반도와 동북아의 군사적 긴장 고조와 불안정성 증대
	2	파시즘의 사회적 토양: 만연한 대중의 불만과 불안, 공포, 기성 정당과 엘리트에 대한 환멸	신자유주의 경쟁 사회의 적대, 차별, 박탈감 확산, 정치 양극화 심화, 국회와 정당정치에 대한 불신과 환멸 만연
파시즘 경향	3	파시즘 신화와 운동: 가공된 '적' '점령된 조국'이라는 망상, 구국과 혁명의 담론과 정체성 형성	'종북좌파' '반국가세력' 체제 전복 세력' '공산전체주의', 부정선거론, 중국배후론, 야당간첩론
	4	대중행동과 집단적 폭력: 군사주의적 대중집회, 이념적 동기로 인한 폭력과 테러	전국적 대규모 극우 집회, 애국적 자부심 동원, '적'에 대한 증오 선동과 실제적 폭력 행사
	5	정치제도 진입: 합법적인 파시스트 정당, 보수세력의 묵인과 협력, 정치권력 획득	대통령의 극우 포퓰리즘 선동, 집권당과 극우세력 협력, 법원 난입, 헌법재판관 협박
파시즘 체제	6	파시즘 체제 수립: 독재와 국가폭력 전면화. 공권력 묵인하에 증오 폭력 확산, 또는 대중적 자발성 억압	?

광장 이후

이명박, 박근혜 정부 시절에도 파시즘 논의가 있었으나 주로 한국에서 파시즘 대중운동과 지배체제가 태동할 수 있는 구조적 조건과 사회적 토양에 대해 경고하는 성격이었다. 그러나 12·3 이후에는 〈표 4〉에서 노란색으로 표시한 3, 4, 5단계로 급속히 진행되었다는 점에서 과거의 파시즘 논의와 질적으로 다른 심각한 상태라고 할 수 있다. 사회학자 마이클 맨은 파시즘의 가치, 행동, 권력 조직의 특성으로 △위협으로 여기는 외부 존재들이 제거된 동질적 공동체를 추구하는 배타적 내셔널리즘, △전체주의국가를 통해 모든 위기를 해결하고 사회발전을 달성하려는 국가주의, △사회에 어떠한 계급적·문화적 갈등도 없는 초월적 사회질서의 추구, △공동체를 위협한다고 여기는 내·외부의 적을 절멸하려는 '청소'의 개념, △집단주의적 열광을 강조하고 파괴 행위를 고무하는 준군사주의 등 다섯 가지 요소를 들었는데,[22] 한국에서는 탄핵 정국 넉 달 동안 망상적 믿음을 공유하는 대중에서 폭력적 행동으로, 다음엔 정부·여당 권력층과 협력한 헌정 파괴로 빠르게 확장되었다.

역사상 대다수의 파시즘 현상은 파시즘 '체제'의 수립까지 이르지 못하고 동력이 약해지거나 위로부터의 독재로 변형되었다. 다행스럽게도 한국도 헌법재판소가 재판관 전원일치로 윤석열 대통령 파면을 결정함으로써 파시즘의 발전이 극적으로 중단되었다. 앞으로 어떻게 될까? 분명한 것은 탄핵 정국

동안의 우익 대중행동이 일시적·감정적·예외적 현상이었다고 치부해선 안 되며, 그것을 가능케 한 구조와 바로 그 대중행동의 경험을 통해 형성된 새로운 구조가 앞으로 어떻게 지속될지를 주시해야 한다는 것이다. 향후 민주적 보수정당이 성장하지 못하고 극우정당이 집권하여, 위로부터의 국가폭력과 아래로부터의 극우 폭력을 결합한다면 가혹한 테러 독재가 탄생할 수 있다.

그런 체제가 수립되지 않는다 해도 문제는 결코 가볍지 않다. 상상된 '반국가 세력'에 대한 증오, 나라가 적들에게 점령되었다는 망상, 애국을 명분으로 한 전체주의적 폭력, 특정한 사회구성원(노조, 좌파, 중국인, 불법체류자, 동성애자, 페미니스트 등)에 대한 혐오는 그 자체로 민주주의와 인간 존엄에 대한 중대한 위협이다. 그러므로 한편으로 극우 폭력과 혐오에 법과 공권력이 단호히 대처하고, 사회구성원 다수가 분명하게 반대 의사를 표명하는 일이 중요하며, 다른 한편으로 일상과 사회관계가 보다 더 민주적으로 발전해나가는 동시에 사회구조적 불평등도 해결할 수 있도록 노력해야 한다.

탄핵 이후 한국사회의 과제

대통령과 정부, 군에 의한 비상계엄 선포와 친위쿠데타 시도는 세계와 많은 한국인에게 큰 충격을 주었다. 하지만 이후 헌법재판소의 최종적인 대통령 파면 결정까지, 한국사회는 여러 중대한 고비를 성공적으로 극복하며 민주적 회복력을 입증했다.

국회의 계엄 해제 요구안 결의와 대통령 탄핵소추에서 시작해 현직 대통령의 내란죄 혐의 체포와 구속기소, 헌법재판소의 변론 절차와 최종적인 탄핵 선고에 이르기까지, 헌법기관들은 위로부터의 친위쿠데타와 아래로부터의 극우 폭력이라는 양면의 위협 속에서도 결국 본연의 기능을 수행했다. 다른 한편, 사회에서는 계엄통치에 반대하고 대통령 탄핵을 촉구하는 여론이 일관되게 다수를 차지했고, 특히 20~40대 청장년 세대에서 압도적 우위를 유지했다. 또한 광장에서는 많은 시민의 참여와 민주주의 실천이 마지막 순간까지 힘있게 계속되었고, 그 과정에서 시민사회 구성원들 간에 상호 소통과 공감, 연대의 소중한 경험이 축적되었다.

그러나 '12·3'으로 개시된 한국 민주주의의 위기는 아직 종결되지 않았다. 친위쿠데타는 국가기구의 지도부들이 대거 관여하는 행위인 만큼 여전히 그 공모자와 조력자들이 여러 기관에서 힘을 발휘하고 있고, 이 문제는 특히 향후 대선 과정과 내란죄 수사 및 재판 과정에서 또다른 갈등의 씨앗이 될 수 있다. 또한 보수정당과 정치인들이 헌법재판소의 전원일치 판결에도 불구하고 여전히 계엄 선포에 대한 반성과 사과를 거부하고 있으며, 보수정치의 중심으로 부상한 극우 사회세력이 향후 더 강력한 정치세력으로 등장할 가능성이 크다.

중요하게 물어야 할 질문은 한국사회가 이 모든 문제를 풀어갈 인적·문화적·제도적 자원을 충분히 가졌느냐다. '친위 쿠데타'와 '극우 파시즘'이라는 12·3 국면의 특성은 한국사회에 큰 난제를 부여했다. 문제는 민주주의, 인권, 평등, 평화, 다양성의 가치를 위협하는 세력이 소수에 국한하지 않고 정부와 사회의 상당한 부분을 차지하기 때문에 단순히 극우세력을 사회에서 도려내는 식으로 해결할 수 없다는 점이다. 그런 의미에서 한국사회는 '12·3 이전'으로 돌아갈 수 없다. 이 모든 국가폭력과 사회적 폭력을 배태하고 허용한 과거 한국사회와 근본적으로 다른 '12·3 너머'의 세계를 어떻게 만들어갈 수 있을까? 그것이 우리에게 남은 가장 중요한 질문이자 선택지다.

광장이 묻고
청년이 답하다
—다시 만들 세계,
광장의 민주주의를 기억하자

광장의 청년들은 어떤 열망을 품었을까?

이 장은 윤석열 퇴진 집회에 참여한 청년 1,000여 명 대상 설문조사를

바탕으로, 누가 왜 광장에 참여했고, 이들이 무엇을 느끼며

어떤 변화를 바랐는지 살펴본다. 비상계엄 사태와 불평등한 삶의 조건

속에서 형성된 분노와 변화에 대한 감각은 사회대개혁 요구로

이어졌다. 광장에서 책임과 돌봄, 연대의 감각을 배우며

새로운 민주주의를 세우고 있는 청년들의 이야기를 경유해,

오늘의 위기와 한국사회의 미래를 묻고자 한다.

———
이재정

초대장을 보내는 마음으로 광장을 지켰다. 국회에
군용헬기가 날아드는 것을 목격한 그날, 낯선 책임감이
이끄는 길을 따라가다보니 나의 일상은 연구실에서 광장으로
옮겨갔고, 어느새 대표 직함을 세 개나 갖게 되었다.
윤석열퇴진을위해행동하는청년들, 윤석열물어가는범청년행동,
윤석열즉각퇴진·사회대개혁 비상행동, 모두 '윤석열'로 시작한다니
'웃픈' 비극이었다. 청년들을 모아 윤퇴청을 결성했고, 한 명이라도
더 초대하고 싶어 내란 사태의 심각성을 다양한 경로로 알리고,
집회와 퍼포먼스를 기획하고, K-pop 음악에 맞춰 구호를 외쳤다.
그러던 중 광장 청년들을 그저 칭찬하거나 왜곡하는 말들이
불편해졌고, 동료들과 함께 우리 목소리를 직접 기록하기로
마음먹었다. 추운 겨울 거리를 메운 1,000여 명 청년의 목소리를
모아 분석하고 발표했다. 시민단체 활동가, 국회 비서관, 대학원생
등 그간 거쳐온 다양한 경험이 광장에서 이렇게 쓰이다니,
참 감사한 일이다.

12·3 이후 광장에 선 사람들

2024년 12월 3일 윤석열 대통령의 비상계엄 선포는 한국 민주주의의 위기를 극명하게 드러냈다. 광장에서 만난 청년들은 "하다 하다 민주화운동을 하게 될 줄은 몰랐어요"라며 자조했다. 유례없는 비상사태에 대응하기 위해 시민들은 거리로 나와 놀라운 열정과 헌신을 보여주며 123일이라는 긴 시간 동안 광장을 지켰다. 그 모습은 한국 민주주의의 회복 탄력성과 새로운 가능성을 보여주었다. 이 글은 '계엄'과 '민주화운동'을 상상해보지 못했던 청년세대가 극단적 민주주의 위기를 겪고 이에 대응한 경험과 의미를 탐색한 기록이다.

나는 이번 광장에서 한 명의 시민참여자이기도 하고, 활동가이자 연구자이기도 한 이중적 정체성으로 활동했다. '윤석열퇴진을위해행동하는청년들'(이하 윤퇴청)의 대표로 현장을 조직하고 주도하는 동시에, 연구자로서 참여관찰·자료수집·분석 등을 병행했다. 이 글에서 나는 참여형 연구의 관점에서 주체적 경험을 분석적으로 반추하고, 광장에 참여한 청년들을 직간접적으로 만나며 수집한 이야기를 분석했다. 이를 통해 한국사회 청년들의 현실을 돌아보고 민주주의의 위기와 대안에 대해 탐색해보고자 했다.

광장을 만들고 바꾸는 청년들

윤석열의 비상계엄 선포 이후 전국 곳곳에서 동시다발적으로 집회가 계속됐다. 시민들은 곳곳의 집회를 '광장'이라 불렀다. 광장 참여자들은 나이, 젠더, 직업, 고향, 정치적 지향 등이 매우 이질적이었지만, '윤석열 퇴진'이라는 공통의 대의 아래 모였다.

특히 이번 집회는 청년세대의 적극적인 참여가 두드러졌다. 개인 단위로, 친구나 가족들과, 혹은 자신이 활동하는 시민사회단체 소속으로 참여했다. 단체로 보면 젠더, 노동, 빈곤, 평화 등 다양한 의제에 기반한 기존 단체 외에 비상계엄 이후 새롭게 결성된 조직들도 등장했다. 여기에는 의제가 아니라 주요 관심사나 '덕질'하는 대상을 중심으로 모인 모임들도 있었다. 이는 광장이 단순한 현시국에 대한 저항을 넘어 새로운 사회운동 조직화를 촉진하는 공간으로 기능했음을 시사한다.

내가 참여한 윤퇴청 역시 이번 광장에서 새롭게 조직된 대표 사례다. 윤퇴청은 비상계엄 발발 직전 발표된 「청년시민시국선언」을 기반으로 정치적 대응의 필요성을 절감한 청년들이 자발적으로 결성했다. 대학생, 대학원생, 직장인, 취업준비생 등 다양한 배경을 가진 2030 세대의 자원 활동을 통해 운영되며, 실무팀·현장대응팀·연구팀 등 외에 200여 명의 회원들이 오픈채팅방을 통해 집회 소식과 정보, 의견 등을 공유한다.

윤퇴청이 본격적인 활동 개시를 선포한 것은 12월 4일, 비상계엄 다음날로 비교적 일렀다. 비상계엄 선포 직전의 "우리는 이따위 대통령을 더이상 용납할 수 없다"는 제목의 시국선언이 계기가 됐다. 선언문에는 이태원참사와 채상병 사망사건에 대한 정부의 무책임한 대응, R&D 예산 삭감 및 이에 문제제기하는 카이스트 학생의 입을 틀어막고 끌고 나간 사건, 의료 대란 사태, 공천 개입 및 주가조작 등의 문제에 항의하고 진상 규명을 요구하는 내용이 담겨 있었다. 청년들은 "또래의 영정사진 앞에 놓인 나의 무력감을 넘어 외칩니다. 우리의 생명과 존엄, 공정의 최저선과 민주주의의 진실한 가치를 회복하기 위해 외칩니다. 각자도생, 약육강식이라는 말로 우리의 시대를 설명할 수는 없습니다. 우리는 이제 평화와 정의를 이야기하기 위해 외칩니다. 더이상 윤석열 정부의 손에 우리의 미래를 맡길 수 없습니다"라고 선언했다. 2024년 11월 23일부터 28일까지[2] 단기간에 200여 명의 청년들이 온라인 서명에 참여했고, 이는 이후 윤퇴청 조직의 초기 동력이 되었다. 나는 이 과정에서 시국선언문 초안 작성과 서명운동을 주도했다. 소속 정당도, 직업도, 주된 관심사도 다르지만 사회문제에 관심이 많은 주변 친구들이 선언문 수정과 초기 연대 서명(이하 연명)에 동참해줬다.

비상계엄 선포 직후, 이 선언을 기반으로 모인 청년들은 12월 3일 국회 앞으로 발 빠르게 달려갔고, 다음날인 12월 4일 오전 11시에는 국회 앞에서 〈청년시민광장〉을 개최해 청년들의 자유 발언대를 마련했다. 긴급하게 열린 광장에는 30~40여 명의 청년들이 참여해 윤석열의 비상계엄 선포를 라이브로 보고 바로 국회로 달려나온 이야기, 국회 보좌진으로서 국회 안을 지켰던 이야기, 국회로 달려갈 수 없어 SNS를 살피며 밤을 지새운 이야기, 포고령 발포 이후 전세 사기 피해자들이 위축될까 걱정된다는 이야기 등을 나눴다. 윤퇴청은 그날 광장에 참여한 사람들을 중심으로 결성했고, 조직적 활동을 다짐하면서 다음의 네 가지 선언을 SNS에 게시했다. 그런 뒤 윤퇴청은 그 선언에 따라 지난 넉 달간 광장 내 청년들의 참여를 조직하고, 청년들의 목소리를 사회에 알리고, 대안적 사회운동을 기획하는 데 온 힘을 다했다.

그동안은 '윤퇴청'은 너른 네트워크에 가까운 형태였으나, 어젯밤 선포되고 해제된 비상계엄령을 기점으로 윤석열 퇴진을 위해 적극적 대응을 하려 합니다. '윤석열퇴진을위해행동하는청년 일동'에서 '윤석열퇴진을위해행동하는청년들'로 이름을 바꾸고, 조직을 재정비하려 합니다. 아래는 오늘 청년시민광장에 모인 사람들과 합의한 '윤퇴청'의 네 가지 선언입니다.

첫째, 우리는 더이상 청년의 미래를 윤석열 정권에 맡길 수 없다.
둘째, 윤석열을 즉각 퇴진시켜야 한다.
셋째, 윤석열 퇴진 과정에서 청년이 주체가 된다.
넷째, 위 선언에 합의 가능한 청년들이 함께할 수 있는 공간을 만든다.

윤퇴청은 광장 참여 과정에서 청년들의 조직적 기반을 확대하기 위해 '윤석열물어가는범청년행동(이하 범청년행동)' '윤석열 즉각퇴진·사회대개혁 비상행동(이하 비상행동)' 등 시민사회 연대체에 적극적으로 참여했다. 범청년행동[3]은 주거, 노동, 기후, 차별 등의 의제, 청년 담론, 정책에 대응해온 25개 청년 시민단체가 모여 결성한 연대조직으로, 윤석열 퇴진을 촉구함과 동시에 청년세대의 다양한 사회적 요구를 관철하는 데 주력하며 다양한 캠페인과 기자회견, 선전전, 광장 밖 청년 100인의 목소리 수집 프로젝트 등을 수행했다. 윤퇴청은 범청년행동의 공동대표 단체로 출범 때부터 주도적으로 참여했다.

또한 매주(때로는 매일) 대규모 집회를 주최한 비상행동은 1,700여 개의 시민사회단체가 연합하여 '최소강령, 최대연대'를 원칙으로 결성한 조직이다. 그 내부에는 대표적 청년단체로 '범청년행동' '윤석열OUT청년학생공동행동' 등이 있었고, 그 외에도 여러 대학생, 청소년 연대체가 있었다. 이들은 전체 시민사회 연대 흐름 속에서 청년세대의 목소리가 반영될 수 있도록 힘썼다. 또한 비상행동 상황실에는 여러 단체의 청년 활동가들이 참여했는데, 이들은 집회 문화 변화를 주도하고, 평등과 다양성, 차별금지 원칙을 강화하는 데 중요한 역할을 했다. 대표적인 집회 문화는 K-pop 음악에 맞춘 구호와 율동으로, 주로 2030 세대로 구성된 행진 사회자팀이 매주 온·오프라인 회의를 통해 새로운 호응 유도법, 선전·선동법, 플레이리스트 등을 상의하고 연습했다.

또한 이번 집회에서는 매번 「평등하고 민주적인 집회를 위한 모두의 약속」을 낭독했고, 무대에 오르는 모든 발언자는 발언관리팀 담당 활동가들과 발언을 사전에 조율하여 혐오나 차별의 언어가 공식적으로 발신되지 않도록 제한했으며, 매주 활동가들은 평가회의 및 SNS 모니터링 등을 거쳐 기준을 수정·보완했다. 2024년 12월 7일 여의도 집회에서 본인을 '레즈비언 페미니스트'라고 소개한 발언자에게 야유가 쏟아지자 SNS에서 '평등하고 안전한 집회를 위한 자정이 필요하다'

는 의견이 제기되었고, 비상행동이 그다음주부터 약속문을 만들어 배포한 것이 계기였다. 이런 집회 문화가 자리잡을 수 있었던 것은 집회의 주요 참여층의 세대교체가 이뤄지고, 특히 2030 여성들의 적극적인 참여가 이어진 덕분이라고 생각한다. 참여자들은 활발하게 피드백을 제시했고, 비상행동 상황실의 활동가들은 이를 적극 반영했다. 일례로 조국혁신당 황운하 의원은 3월 1일 집회에서 사전에 협의되지 않은 "지랄 발광"이라는 표현을 사용한 뒤 정신장애인 비하라는 여론의 뭇매를 맞고 결국 공식 사과했다. 이번 광장의 주역이었던 청년 시민들은 온·오프라인의 적극적 참여를 통해 새로운 흐름을 주도하였다.

민주주의를 지키기 위해 이곳에 선 우리가 누군가를 향해 여자라는 이유로, 동성애자라는 이유로, 트랜스젠더라는 이유로, 장애가 있다는 이유로, 나이가 어리다는 이유로, 학교를 다니지 않는다는 이유로, 이주민이라는 이유로, 일하지 않는다는 이유로, 결혼하지 않았다는 이유로, 질병을 겪고 있다는 이유로 야유를 보내거나 "중요하지 않다" 말하며 배제하거나 반말하며 하대하거나 "장하다" "대견하다" 미숙한 존재로 대하거나 "예쁘다" "아름답다" 외모를 평가하거나, 원치 않는 신체 접촉을 하거나, 다양한 사람들의 존재 특성이 나와 다르다고 차별하거나, 혐오해서는 안 됩니다.

이재정

광장에 나선 청년들, 누가, 왜 나섰나

광장은 누구나 참여할 수 있는 열린 공간이었다. 특히 응원봉을 든 2030 여성은 국내외 언론의 주목을 받으며, 세대교체의 상징으로 회자되었다. 한 집회 참여자는 "집회에 나가는 일이 무서웠지만 같은 아이돌을 좋아하는 팬들이 응원봉을 들고 있다기에 거부감 없이 참여할 수 있었다"라고 말했다. 퀴어퍼레이드(이하 퀴퍼)에 참여한 경험이 있는 청년들은 마치 집회가 퀴퍼 같아졌다며 반가워했다. 나 역시 이전부터 여러 집회에 참여해왔지만, 이번 집회는 사뭇 낯선 한편 콘서트장에 온 듯한 설렘도 있었다.

기성세대는 이러한 풍경에 놀라움을 표했다. 파편화되고 개인화된 세대로 여겼던 이른바 'MZ세대'가 민주주의를 지키기 위해 헌신하는 모습에 '기특하다' '오해해서 미안하다'라는 반응이 이어졌다. 그러나 청년들은 이런 반응이 마냥 반갑지만은 않았다. 청년들의 주체적 결단과 참여를 '뜻밖' 혹은 '특별한 예외'로 간주하는 듯한 시선은 우리가 여전히 온전한 시민으로 인정받지 못하고 있다는 불편함을 남겼다. 이런 반응에 SNS에서 "우리는 언제나 광장에 있었다"는 선언이 이어지기도 했다.

한편으로는 광장을 폄하하는 목소리도 있었다. 북한의 사주를 받았다는 공세는 어느새 중국 공작설로 번지더니, 시위 참여자를 미국 CIA에 신고하는 캠페인 등 웃지 못할 일까지 벌어졌다. 이 모든 반응을 마주하며, 광장에 선 우리의 이야기가 우리 손으로 그려지지 않고 있다는 미진함과 아쉬움을 느꼈고, 청년들 스스로 광장에 나온 청년들의 경험과 감각을 기록하기로 했다. 그렇게 윤퇴청의 기획 설문 〈왜 광장에 나오셨나요?〉 프로젝트는 시작됐다.

설문조사는 2025년 1월 1일부터 13일까지 약 2주간 온라인 설문조사를 통해 진행되었으며, 윤석열 퇴진 집회에 실제 참여한 경험이 있는 10~30대 청년을 대상으로 했다. 온·오프라인 홍보를 병행하여 표본의 다양성을 확보하고자 했으며, 특히 광장에서 QR코드가 포함된 유인물을 배포하며 참여를 독려했다. 중복이나 오류를 제외한 최종 954명의 데이터를 윤퇴청의 여러 청년 연구자들이 함께 분석했다.

본 설문조사는 단순한 참여 실태조사를 넘어 청년들의 참여 동기, 기억에 남는 장면, 민주주의 위기 인식, 미래 사회에 대한 상상 등을 다층적으로 수집하는 데 초점을 두었다. 본 장에서는 참여자들의 특성과 참여 동기를 주로 다룬다.

전체 응답자 954명 중 여성은 76.7%, 남성은 11.8%였다(기타 6.0%, 응답 거부 및 무응답 5.5%). 이는 이번 광장의 주요 특징

중 하나인 2030 여성의 높은 참여율을 반영한다. 또한 응답자의 36.9%는 이번 윤석열 탄핵 집회가 생애 첫 집회라고 응답했다. 전체 응답자 중 3분의 1이 넘는 청년들이 민주주의가 무너지는 상황에서 뭐라도 해보려는 마음으로 처음 광장에 모인 것이다. 나머지 63.1%는 박근혜 탄핵 집회, 성평등 운동, 기후위기 대응 운동, 사회적 참사 관련 집회 등 다양한 사회운동 참여 경험을 갖고 있었다. 특히 성평등 및 젠더 이슈와 관련된 집회(미투운동, 디지털 성범죄 규탄 등)에 참여한 경험은 여성 응답자에게서 현저히 높은 비율로 나타났다. 이러한 특성은 이번 광장 참여가 단순한 정치적 사건에 대한 반응이 아니라, 사회적 문제에 대한 관심이 높은 집단이 주도한 움직임이었음을 시사한다. 뒷부분에서 자세히 설명하겠지만 민주주의 위기 인식 정도는 여성이 남성에 비해 전반적으로 높았다. 또한 첫 집회 참여 응답자들 중에서도 광장 경험을 통해 사회문제에 대한 인식과 행동 의지가 강화되었다는 서술형 응답이 다수 확인되었다. 이는 광장이 청년세대의 정치적 주체성이 확장되는 학습 공간으로 기능했을 가능성을 보여준다.

윤석열 탄핵 광장에서 청년들은 다양한 동기를 품고 모였다. 설문조사 결과를 통해 드러난 주요 참여 동기를 분석한 결과, 청년세대는 비상계엄 자체에 대한 충격을 넘어 민주주의의 위기와 사회구조적 문제를 깊이 고민하고 있으며, 이 위기를 극복하기 위한 시민으로서의 책임을 진지하게 받아들였다.

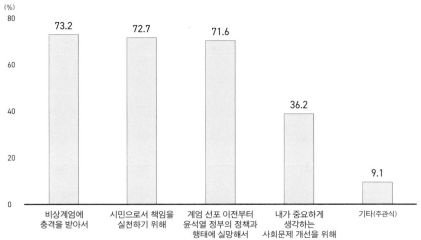

그림 1   윤석열 퇴진 집회 참여 동기(중복 응답)

(%)

비상계엄에
충격을 받아서 **73.2**

시민으로서 책임을
실천하기 위해 **72.7**

계엄 선포 이전부터
윤석열 정부의 정책과
행태에 실망해서 **71.6**

내가 중요하게
생각하는
사회문제 개선을 위해 **36.2**

기타(주관식) **9.1**

분석 결과, 다섯 개 항목(① 비상계엄에 충격을 받아서 ② 시민으로서 책임을 실천하기 위해 ③ 계엄 선포 이전부터 윤석열 정부의 정책과 행태에 실망해서 ④ 내가 중요하게 생각하는 사회문제 개선을 위해 ⑤ 기타) 중 ①~③ 항목 모두 약 70% 내외의 높은 응답률을 보였는데, 이는 청년들이 단일한 이유가 아닌 복합적인 문제의식과 책임감을 안고 광장에 참여했음을 보여준다. 몇 가지 응답을 살펴보자.

첫번째로, 비상계엄에 대한 충격으로 광장에 참여하게 되었다는 응답이 73.2%로 근소한 차이지만 가장 높았다. 이번 비상계엄 선포는 청년들에게 국가권력의 위협을 극명하게 체감하게 만든 사건이었다. 전체 응답자의 3분의 1 이상이 이전에는 다른 집회 참여 경험이 없음에도 불구하고 생애 처음으로 집회에 참여했다는 것은 그만큼 이 사건이 청년세대에 주는 충격이나 의미가 크다는 뜻이다.

한국 역사상 비상계엄은 쿠데타를 정당화하거나 민주화운동을 진압하는 시도였고, 권력 장악을 위한 무력 통제 수단이었으며, 제주 4·3, 여순, 5·18 광주와 같은 역사적 비극을 낳은 사건이었다. 21세기에 정당한 사유 없이 '계엄'을 발표한 일은 교과서를 통해 민주주의를 학습한 세대가 납득하기 어려운 일일 수밖에 없었다. 헌법재판소 역시 지난 4월 4일 윤석열 대통령 파면 결정 선고문에서 "계엄 선포의 실체적 요건과 절차적 요건 모두를 충족하지 못했다"고 지적했다. 학교에서 시민권과 언론·집회·표현의 자유를 배웠으니, 포고령 또한 청년 세대에게는 납득 불가였다. 이에 대해 헌법재판소는 "피청구인은 국회와의 대립 상황을 타개할 목적으로 이 사건 계엄을 선포한 후 군경을 투입시켜 국회의 헌법상 권한 행사를 방해함으로써 국민주권주의 및 민주주의를 부정하고, 병력을 투입시켜 중앙선관위를 압수·수색하도록 하는 등 헌법이 정한 통치구조를 무시하였으며, 이 사건 포고령을 발령함으로써 국민의 기본권을 광범위하게 침해하였습니다. 이러한 행위는 법치국가 원리와 민주국가 원리의 기본 원칙들을 위반한 것으로서 그 자체로 헌법질서를 침해하고 민주공화정의 안정성에 심각한 위해를 끼쳤습니다"라고 판결했다.

두번째로, '시민으로서 책임을 실천하기 위해' 광장에 참여했다는 응답이 높았다. 민주주의 위기 상황에서 청년들은 어떻게 이런 책임감을 갖게 되었을까. 비상계엄이라는 위기 상황에서 평소 민주주의 및 시민참여의 가치를 깊이 인식하고 있던 시민들이 먼저 민감하게 반응해 거리로 나오는 한편, 광장에서 여러 시민들과 교류하고 연대한 경험으로 시민의식과 책임감을 학습해나간 것이 아닐까. 여러 가지 가능성을 추측해보는 가운데 한 가지만은 확실했다. 광장의 청년들은 이 위기를 막아야 한다는 절박한 마음으로 일상을 뒤로한 채 거리로 나온 '주체'들이었다. 이번 광장에서는 그 어느 때보다 시민들의 주체적인 참여와 실천이 빛을 발했다.

세번째로 '계엄 선포 이전부터 윤석열 정부의 정책과 행태에 실망했다'는 응답에 대해 살펴보자. 젠더를 기준으로 보면 여성(71.6%)과 기타 성별 응답자(80.7%)가 남성(66.4%)보다 높게 나타났다. 이는 윤석열 정부의 성평등 정책 후퇴와 젠더 갈등 조장에 대한 비판적 감수성이 특히 청년 여성층에서 강하게 형성되어 있었음을 시사한다. 청년 여성들이 계엄 선포 이전부터 윤석열 정부에 품었던 분노는 윤석열이 대통령 후보 시절부터 구조적 성차별을 부정하고 여성가족부 폐지를 공약으로 내걸기까지 한 것과 무관하지 않을 것이다. 윤석열 정부는 임기 동안 여성가족부를 사실상 무력화하여 장관조차 임명하지 않았다. 젠더폭력 피해자 지원 예산을 삭감하고, 직장 내

이채정

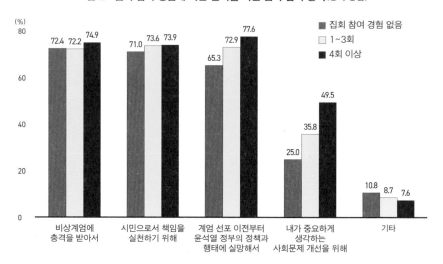

그림 2 집회 참여 경험에 따른 윤석열 퇴진 집회 참여 동기(중복 응답)

(%)

■ 집회 참여 경험 없음
□ 1~3회
■ 4회 이상

- 비상계엄에 충격을 받아서: 72.4 / 72.2 / 74.9
- 시민으로서 책임을 실천하기 위해: 71.0 / 73.6 / 73.9
- 계엄 선포 이전부터 윤석열 정부의 정책과 행태에 실망해서: 65.3 / 72.9 / 77.6
- 내가 중요하게 생각하는 사회문제 개선을 위해: 25.0 / 35.8 / 49.5
- 기타: 10.8 / 8.7 / 7.6

성희롱 문제를 담당해온 민간 고용평등상담실 예산을 전액 삭감했다. 정치권의 '젠더 갈라치기'로 인해 사회 곳곳에서는 페미니즘이 점점 더 심각하게 왜곡됐다. '신남성연대'로 대표되는 혐오세력이 이를 자양분 삼아 성장했다. 미투운동, 혜화역 시위 등으로 이미 이전부터 앞장서서 성평등을 요구하며 자신과 공동체를 지키기 위해 분투해온 여성들은 더이상 물러설 곳이 없다는 절박한 마음으로 이번 광장에 섰다. 4월 5일 파면 축하 집회 맨 앞줄에 "이게 바로 안티페미니스트 정치의 말로"라는 현수막을 든 여성들이 서 있었다.

네번째, 다양한 집회에 참여한 경험이 많을수록 '계엄 선포 이전부터 윤석열 정부의 정책과 행태에 실망' 해서나 '내가 중

광장 이후

요하게 생각하는 사회문제 개선을 위해' 집회에 참여했다는 응답이 높았다. 이는 집회 경험이 누적될수록 사회문제에 대한 생각이 구체화되고 비판 의식도 심화될 수 있음을 보여준다. 계엄령은 그 현실을 더 잔혹하게 드러내는 계기가 되었을 뿐, 자신의 문제를 세상에 알리기 위해 지속적으로 집회에 나선 이들의 삶은 이미 치열한 전쟁터 같았으리라 상상할 수 있다. 그런 와중에 반복되는 집회 참여는 참여자들로 하여금 그동안 잘 알지 못했던 사회문제를 접하고 문제의식을 심화시키는 계기가 되었다.

그 밖에 광장에 참여하는 이유는 무척 다채로웠다. 기타 응답 가운데는 '사람'에 대한 언급이 많았다. "나와 같은 사람들(성소수자)의 목소리도 듣고, 다른 혐오의 대상(여성, 노인, 장애인, 농민 등)의 목소리도 들을 수 있어서""그저 용기 있고 따뜻한 시민들과 연대하고 서로의 힘이 되어주고 싶어서""비상계엄 당일 여의도로 가지 못해 동료 시민들께 마음의 짐이 생겨서""혼자 있으면 정말 답답하고 갑갑해서 미쳐버릴 것만 같아서" 거리로 나갔다고 했다. 사람을 만나기 위해, 사람을 지키기 위해 광장에 섰다는 응답을 통해 광장이 단순한 정치 행동의 공간을 넘어 서로의 존재를 확인하고 서로에게 곁을 내주고 연결되는 공동체의 장으로 기능했음을 보여준다. 윤퇴청은 누구든 참여할 수 있는 느슨한 네트워크 역할을 하며 매주 SNS를 통해 함께 광장에 참여할 청년들을 모집했다. 별도의 소속이 없는 개인 참여자의 신청이 유독 많았는데, 비슷한 생각과 고민을 가진 사람들이 모여 동지가 되기도 하고 친구가 되기도 했다.

광장의 청년들은 '사회대개혁'을 요구한다

그렇다면 청년들은 광장에서 무엇을 요구하고자 했을까. 청년들의 요구는 단순한 정권 심판에 그치지 않았다. 형형색색의 응원봉과 재치 넘치는 깃발만큼이나 다채로운 바람과 희망이 있었다. 윤퇴청은 설문조사에서 광장의 주요 요구사항을 ① 사회대개혁을 통한 사회문제 해결, ② 내란 범죄 수사 및 책임자 처벌, ③ 윤석열 탄핵 완수, ④ 국정 안정화 및 공동체 신뢰 회복의 네 가지로 정리하고, 응답자가 느끼는 중요도를 순서대로 나열하도록 질문했다.

1순위로 가장 많이 꼽힌 것은 '사회대개혁을 통한 사회문제 해결'(63.1%)이었다. 3순위까지 누적하면 '내란 범죄 수사 및 책임자 처벌'(92.2%)'이 가장 높은 비율을 기록했지만, 이 역시 사회대개혁의 누적 수치(91.4%)와 거의 비슷한 수준이었다. 이는 청년세대가 윤석열 개인의 퇴진만이 아니라, 이번 기회에 우리 사회가 근본적으로 변화하길 바라고 있었음을 보여준다.

당시 상황 때문에 사회대개혁 요구가 더 의미 있게 다가오

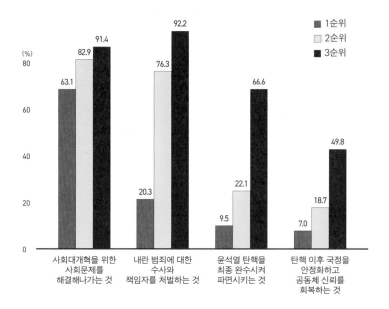

그림 3 광장의 요구 중요도

기도 했다. 설문조사가 진행되던 1월 1~13일은 윤석열 탄핵소
추안이 국회를 통과한 뒤 시민들이 윤석열 체포와 구속을 요
구하던 시기였다. 내란 사태가 벌어진 지 얼마 지나지 않았지
만 다들 곧 헌법재판소 판결이 이뤄질 것이라는 기대를 갖고
있었다.[4] 당시 비상행동을 비롯한 시민사회단체들은 윤석열
파면 촉구와 내란세력 규탄 메시지를 강경하게 표명하면서도
대규모 광장이 닫히기 전에 윤석열 파면을 넘어선 사회대개
혁의 어젠다를 내놓아야 한다는 조급함도 느끼고 있었다. 어
느 시점에 어떻게 사회대개혁이라는 문제를 대중과 공유해야

이재정

호응을 얻을 수 있을지 고심하던 때 발표된 이 설문조사 결과는 윤석열 개인만이 아니라 소위 '우리 안의 윤석열', 즉 일상 곳곳에 뿌리내린 갖가지 사회문제들을 의제화하고 개혁해야 한다는 대중의 의지를 확인하는 계기였다. 비상행동은 2월 집회에서는 사전 집회로 사회대개혁 이야기를 나누는 〈시민 사이다 파티〉를 개최하거나, "윤석열 파면하고 민생경제 살려내자" "기후위기 외면하는 윤석열을 파면하라!" "노동혐오 노조 탄압 윤석열을 파면하라" "성소수자 차별하는 윤석열을 파면하라" "입틀막 언론장악 윤석열을 파면하라" "윤석열 파면하고 생명안전 지켜내자" 등의 사회대개혁 구호 등을 통해 조금씩 사회대개혁 의제화 불씨를 붙여나갔다. 하지만 3월 8일 윤석열 석방으로 급격히 국면이 악화하면서 파면 선고 이전까지 '윤석열 파면' 메시지에 집중할 수밖에 없었다.

그렇지만 광장의 청년들이 사회대개혁을 요구한다는 사실만은 분명하다. 계엄 직후 12월 11일 비상행동이 발족하면서, 지난 박근혜 탄핵이 시민들의 실질적 삶 개선으로 이어지지 못했음을 비판적으로 평가하는 시민사회단체들은 향후 한국 사회를 대대적으로 개혁할 수 있는 사업을 기획해야 한다는 사명감과 의지를 지니고 있었다. 그 결과 '사회대개혁특위'가 설치되었고, 공식 명칭에도 '사회대개혁'이 추가되었다. 즉, 사회대개혁은 탄핵 이후 한국사회를 근본적으로 변화시키기 위한 다양한 의제를 포괄적으로 담고 있다. 비상행동 사회대개혁 특별위원회는 한겨울 광장에 모인 시민들의 다양한 목소리를 갈무리해 사회대개혁의 상을 구체화했다.

비상행동 사회대개혁 과제 11개 분야
- 다시 민주공화국 시민이 주인 되는 세상
- 정의로운 경제와 민생이 안정된 사회
- 평화·주권·역사 정의가 실현되는 사회
- 기후위기 너머 정의로운 생태사회
- 모두의 행복한 삶을 위한 돌봄 중심 사회
- 좋은 일자리와 보편적 노동권이 보장되는 사회
- 생명·안전이 지켜지는 세상
- 모두의 존엄과 공존을 위한 성평등·인권 사회
- 언론·정보통신·문화의 공공성과 표현의 자유가 보장되는 사회
- 식량주권과 먹거리가 보장되고, 지역이 살아나는 세상
- 교육과 청(소)년의 삶에 평등을 여는 세상

비상행동, "탄핵 너머, 대선 너머 사회대개혁으로
세상을 바꾸자", 사회대개혁 과제 자료집, 2025 [5]

또하나 주목할 지점이 있다. 앞서 청년들에게 광장에 참여한 동기를 질문했을 때는 '비상계엄에 대한 충격'(73.2%)이 가장 높았지만, '중요하게 생각하는 사회문제를 개선하기 위

해'(36.2%)라고 응답한 비율은 가장 낮았다. 하지만 광장을 경험해본 청년들은 사회대개혁을 가장 강력하게 요구하게 된다. 이것이 바로 광장이 가진 '가능성'이다. 광장에서 시민들은 다양한 발언을 통해 여러 소수자, 약자의 삶과 고충을 접하고, 그럼으로써 서로의 어려움을 이해하고 나아가 공감하게 된다. 여성은 농민의 쌀값 문제를 알게 되고, 농민은 존재를 부정당하는 성소수자의 삶을 알게 된다. 이는 곧 연대 의식의 확장과 공동체 가치에 대한 자각으로 이어진다. 광장은 분노를 발화하는 곳을 넘어 연대와 공감 속에서 민주주의와 사회정의를 학습하고 실천하는 살아 있는 공간이었다.

청년들이 생각하는 민주주의, 위기와 대안

추운 겨울 광장을 지킨 청년들은 민주주의를 더이상 당연하게 여기지 않는다. 그들은 민주주의를 스스로 지키고 다시 세워야 하는 것으로 인식했다. 윤퇴청은 광장에 참여한 청년들에게 민주주의의 위기와 대안에 대해 질문했다. 설문 문항을 설계하면서 민주주의를 어느 범위까지 포괄하고 항목을 설계할지 고민이 많았다. 민주주의를 논할 때 선거제도나 법률 등의 절차에 국한하지 않고 여러 질적 요소를 고려해야 한다고 보았다. 고민 끝에 민주주의를 ① 권력의 집중과 남용 / 권력의 분산 및 견제 시스템 강화 ② 표현의 자유 및 언론 자유의 억압 / 표현의 자유와 언론의 독립성 보장 ③ 공정성 상실 / 공정성과 정의 실현, ④ 경제적 불평등 심화 / 경제적 불평등 해소와 기회 평등 보장 ⑤ 정치 양극화로 인한 사회적 갈등의 심화 / 정치 양극화 완화와 협치 문화 구축 ⑥ 다양성에 대한 포용 부족 / 다양성에 대한 포용 강화 ⑦ 시민참여와 의견 수렴의 부족 / 시민참여와 의견 수렴 확대 등 일곱 가지 항목으로 제시했다(전자는 민주주의 위기 요소, 후자는 민주주의 강화 방안이다).

청년들이 체감한 민주주의 위기와 대안에 대한 응답을 살펴보면 몇 가지 흥미로운 지점이 있다. 우선, 특히 주목할 점은 청년 여성 응답자가 청년 남성에 비해 전반적으로 민주주의 위기 체감도가 높다는 것이었다. 이를 통해 같은 광장에 참여한 청년들 중에서도 남성에 비해 여성 청년들이 상대적으로 한국사회의 구조적 차별, 정부 정책의 후퇴, 혐오와 차별의 심화라는 복합적 조건 속에서 위기를 더욱 선명하게 체감하고 있음을 예측할 수 있다.

청년들이 그다음으로 가장 심각하다고 본 민주주의의 위기는 '권력의 집중과 남용'(95.7%)이었다. 계엄으로 국가 운영을 사실상 마비시키고 시민과 국회를 탄압하려는 수단으로 권력 기구를 동원한 일은 민주주의의 근본 원칙과 헌정질서를 정면으로 뒤흔든 사건이었다. 이후 내란 범죄 수사에 대한 윤석열

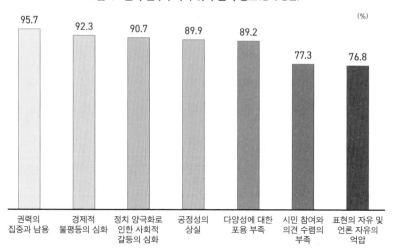

그림 4 한국 민주주의의 위기 인식 정도(중복 응답)

(%)

권력의 집중과 남용	경제적 불평등의 심화	정치 양극화로 인한 사회적 갈등의 심화	공정성의 상실	다양성에 대한 포용 부족	시민 참여와 의견 수렴의 부족	표현의 자유 및 언론 자유의 억압
95.7	92.3	90.7	89.9	89.2	77.3	76.8

본 문항은 민주주의 위기를 입체적으로 살피기 위해 민주주의 위기를 일곱 가지로 분류하여 질문하였고, 5점 척도(매우 심각하다~전혀 심각하지 않다)를 바탕으로 평균 점수(100점 만점)를 도출하여 그래프화하였다.

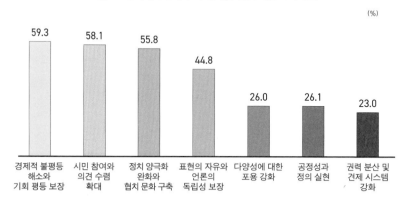

그림 5 한국사회 민주주의 강화를 위한 대안(중복 응답)

(%)

경제적 불평등 해소와 기회 평등 보장	시민 참여와 의견 수렴 확대	정치 양극화 완화와 협치 문화 구축	표현의 자유와 언론의 독립성 보장	다양성에 대한 포용 강화	공정성과 정의 실현	권력 분산 및 견제 시스템 강화
59.3	58.1	55.8	44.8	26.0	26.1	23.0

본 문항은 민주주의 강화 방안을 입체적으로 살펴보기 위해 대안을 일곱 가지 항목으로 분류하여 질문하였고, 최대 세 개까지 선택 가능하도록 했다.

의 체포 불응, 경호처의 체포 방해, 권한대행들의 직권 남용 등 일련의 대응은 행정권력의 무책임과 무분별함을 드러냈고 시민들로 하여금 민주주의의 위기를 더욱 절감하게 만들었다.

그럼에도 민주주의의 강화 방안으로 '권력의 분산 및 견제 시스템 강화'를 꼽은 비율은 가장 낮은데, 비상계엄 사태로 느닷없이 국가권력의 폭주를 목격한 청년들에게 경제적 불평등 해소나 시민참여 확대와 같이 일상에 밀접한 대안이 더욱 중요하게 느껴졌을 수도 있다. 이러한 위기 인식과 대응책이 상반되는 결과를 해석하기 위해 향후 더욱 면밀한 논의가 필요해 보인다.

또한 민주주의 위기의 원인으로 '시민참여와 의견 수렴 부족'을 지적한 비율은 일곱 가지 선택지 중 여섯번째로 낮았는데, 민주주의 강화 방안으로 '시민참여와 의견 수렴 확대'를 뽑은 비율은 두번째로 높았다. 민주주의 회복 방안으로 시민참여의 확대를 중요한 대안으로 꼽은 것은 청년들이 광장에서 직접 민주주의를 실천해온 경험을 바탕으로 제도권 안팎의 시민참여가 확대되길 바라기 때문이라고 예측할 수 있다. 계엄 이후 다시 만들 세상, 다시 세울 민주주의는 시민들이 직접 참여할 수 있는 창구의 확대를 전제로 해야 한다.

마지막으로, 경제적 불평등 항목을 살펴보면 경제적 불평등 심화를 민주주의 위기로 지목한 비율이 92.3%에 달하고, 광장 청년들의 59.3%가 민주주의 강화를 위한 가장 중요한 방안으로 '경제적 불평등 해소 및 기회의 평등 보장'을 꼽았다. 이는 경제적 불평등이 단순한 소득격차나 생계 불안, 기회의 차이를 넘어 사회적 지위나 정치참여의 불균형, 발언권의 제한 등 민주주의의 기반을 약화시킨다는 인식이 있음을 보여준다. 또한 경제적 불평등 문제를 해소해야 진정한 민주주의로 나아갈 수 있다는 문제의식도 엿볼 수 있다. 특히 청년세대에게 경제적 불평등 문제는 중요한데, '노력해도 나아지지 않는다'는 좌절감은 이는 공적 체계에 대한 불신이나 정치적 냉소로 이어질 우려가 있기 때문이다.

그동안 한국사회 청년 불평등 문제는 청년세대 내 경제적 격차에 주목해왔다.[6] 이 책의 다른 장에서도 다룬 것처럼 소득, 고용, 사회보장 등에서 청년세대 내 양극화 현상이 두드러지고 심지어 더욱 악화되고 있다.[7] 이외에도 청년세대 내 계급, 성별, 학력, 출신 지역, 성장배경 등의 차이가 사회적 격차로 이어지며, 특히 생애궤적의 초기인 청년이 겪는 교육과 노동에서의 구조적 불평등은 생애과정에서 누적되어 다음 세대로 이전된다는 점에서 부와 지위의 불평등을 되물림하게 만들 수 있다.

이처럼 청년세대가 체감하는 경제적 불평등의 양상은 복합적이고 다층적이다. 광장 청년들의 답변에서 미루어 보건대 청년세대는 한국사회의 민주주의를 강화하기 위해선 삶을 둘러싼 경제적 여건이 개선되어야 한다는 점을 절감하고 있다.

장시간 고강도 노동, 치열한 경쟁 시스템, 차별적인 채용시장, 불안한 미래, 나아질 것 같지 않은 주머니 사정 등은 바쁜 시간을 쪼개서라도 거리로 나와 사회 변화를 외칠 수밖에 없게 한 동력이었다. 즉, 광장의 청년들은 경제적 불평등의 심각성을 체감하며 절박한 마음으로 광장에 섰다.

오늘날의 청년세대는 교육, 주거, 자산, 노동 등 삶 전반에서 불평등과 사회적 사다리 붕괴를 체감한다. 윤석열 대통령에 대한 비판 여론이 확장되던 시기 청년 실업률이 가파르게 상승했는데, 2024년 8월 4.1%에서 2025년 3월 7.5%로 증가했다.[8] 게다가 플랫폼노동, 프리랜서 노동, 비정규직 단기직 일자리에 대한 제도의 허점이 청년들의 현실을 더욱 불안정하게 만들고 있다. 일부 청년들에겐 안정적인 일자리를 갖는 것, 마음 편히 누울 주거지를 마련하는 일 모두 어려운 실정이며 미래를 위한 저축도 녹록지 않다. 2022년 한국행정연구원이 발표한 자료에 따르면, 한국 청년 20.8%는 '노력해도 성공하지 못한다'고 인식하는데, 이는 1990년(8.4%) 대비 2.5배 증가한 수치이고 전체 조사 대상국 평균(14.7%)보다도 매우 높은 수준이다.[9]

청년들의 미래에 대한 불안을 극명하게 드러내는 두 가지 지표가 있다. 합계 출산율 0.72명, OECD 국가 청년 자살률 1위. 한국은 전 세계에서 전례없이 빠르게 경제성장을 이룩했음에도 그 성장이 시민들이 체감하는 삶의 질 향상으로 이어졌는지에 대해서는 회의적인 시선이 많다. 이제 한국사회는 단순히 출산율의 하락을 문제삼을 것이 아니라, 삶의 질과 사회안전망 전반을 개선하며 인구구조 및 사회정책을 재설계해야 한다. '얼마나 더 낳았는가'보다 '얼마나 더 살릴 수 있었을까'를 질문해야 한다.

누적된 불안정성은 시민으로서 정치에 참여할 여유도 빼앗는다. 경제학자 아마르티아 센이 『자유로서의 발전』에서 말한 것처럼, 진정한 자유는 제도만이 아니라 자신의 삶을 선택할 수 있는 실질적 능력으로부터 온다. 경제 불평등은 청년세대가 민주시민으로서 자유롭게 권한을 행사하고 다양한 사회참여를 독려하기 위해 반드시 해결해야 할 문제이다. 청년세대의 자유로운 정치적 의사결정을 보장하려면 능력의 실질적 향상을 꾀할 수 있도록 경제적 격차 문제를 해소하고 다양한 계급, 성별, 학력, 지역, 지위 등의 청년들이 정치적 의사결정 과정에 참여하고 포괄적인 목소리가 담길 수 있는 창구를 마련하려는 노력이 필요하다. 거리에서 민주주의를 외치는 청년들에 환호하고 응원을 보내는 것을 넘어서, 구조적 불평등을 경험하며 광장에 나선 청년들의 상황에 질문을 던지고 해법을 논의할 때다.

그동안 윤석열 퇴진과 더 나은 민주주의를 요구하며 활동했던 '윤석열물어가는범청년행동'은 파면 선고 이후 조기 대선 대응 국면으로 전환하면서 '불평등물어가는범청년행동'으로 조직을 전환했다. 새로운 민주주의를 만들어낸 주역인 '청년'들에게 이제 필요한 변화는 '불평등' 해소임을 분명히 하면서, 평등한 민주주의를 만들기 위한 연대와 실천을 이어갈 것이다. 2025년 4월 25일. 조직 전환 기자회견에서 범청년행동은 "불평등 해결이야말로 진정한 민주주의의 완성"이기에, "윤석열을 파면시킨 힘으로 불평등 종식을 위해 나아가겠다"라는 포부를 밝혔다. 앞으로 대선을 모니터링하며 납작한 청년 담론과 청년들을 동원하는 정책을 비판적으로 분석하고, 낡은 정치를 견제하기 위한 활동을 지속할 예정이다.

광장의 새로운 문화—연대, 돌봄, 공동체

2024년의 광장이 우리 사회에 남긴 메시지는 무엇일까. 윤석열 파면 선고 이후 이 질문을 자주 묻게 된다. 광장에 모인 시민들은 함께 분노하고 투쟁하는 동시에, 서로를 돌보고 마음을 보태며 새로운 민주주의 문화를 만들었다. 연대와 돌봄이라는 광장의 감각은 여전히 여러 투쟁 현장으로 이어지고 있다. 2024 광장에 싹튼 벅찬 감동이 더 많은 이들에게, 더 다양한 사회 곳곳에 가닿고 오래 지속되기를 바라는 마음으로, 우리가 기억해야 할 광장의 장면들과 광장에 모인 청년들의 바람을 살펴보려고 한다.

그림 6 주요 키워드를 통해 본 집회 중 가장 기억에 남는 장면

워드 클라우드는 응답자들의 자유 서술형 답변에 등장하는 단어의 출현 빈도를 시각화하여 주요 키워드를 도출하는 기법이다. 본 연구에서는 텍스트 데이터 전처리(불용어 제거, 표제어 추출)를 거친 후 단어 빈도수를 기반으로 워드 클라우드를 생성하였다.

 설문 문항 중 '광장에서 가장 기억에 남는 장면'을 묻는 질문에 응답자들이 가장 빈번하게 언급한 단어는 '사람'이었다. 그외에도 '발언' '시민' '연대' '함께' '응원봉' '여성' '깃발' 등이 눈에 띈다. 이는 광장에서 타인과 연결된 순간, 발언을 통해 서로를 이해했던 경험, 함께 나란히 행진했던 물리적 동행 경험이 응답자들에게 강하게 각인되었음을 보여준다. 서로 다른 사회적·경제적·문화적 배경을 가진 사람들이 서로의 발언을 통해 각자의 상황과 약자성을 이해하고, 서로 핫팩, 간식, 의약품 등을 나누며 관계 맺고, 같은 공간을 함께 지키며 대규모 공동체에 참여하고 있다는 감각을 공유했다. 광장은 단순히 하나의 정치적 사건event이나 장소site가 아니라, 함께 시민으로서의 실천을 만들어가는 공간space이자 공론장public sphere이었다.

기억에 남는 집회 장면에 대한 주관식 응답에서 '장소' 중심으로 키워드를 추출한 결과, 가장 많이 언급된 곳은 단연 '남태령'(60.6%)이었다. 응답자들은 탄핵소추안이 가결되었던 환호의 여의도나 '키세스 부대'의 간절함으로 대통령의 체포·구속을 요구했던 한강진보다 '남태령'을 더 인상적으로 기억했다. 남태령은 지난 2024년 12월 21일 전국농민회총연맹, 전국여성농민회총연합, 가톨릭농민회 등으로 구성된 전봉준투쟁단이 윤석열 탄핵 촉구와 양곡관리법 요구를 위해 트랙터를 끌고 상경하던 중 경찰의 진입 금지 조치에 막혀 장시간 대치한 현장이다. 당시 경찰은 트랙터 유리창을 깨는 등 폭력적으로 농민들을 진압했고, 이 소식이 SNS를 통해 빠르게 확산되며 시민들의 연대가 이어졌다. 이 투쟁은 농민과 시민들이 28시간 가까이 밤샘 농성을 이어간 끝에 경찰의 차벽을 뚫고 트랙터와 함께 한남동 윤석열 관저 앞까지 행진하며 마무리됐다.[10]

남태령이라는 '우발적 현장'에서는 농민들과 주로 수도권에 거주하는 시민들 간의 연대가 피어났다. 자유 발언대에 오른 시민들은 자신을 학생, 노동자, 성소수자, 이주민, 장애인, 성폭력 피해자, 가정폭력 피해자 등 다양한 정체성으로 소개하

그림 7   가장 기억에 남는 집회공간(중복 응답)

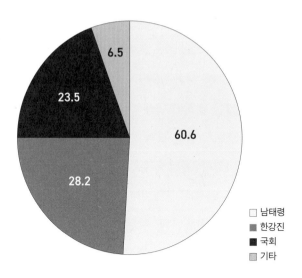

면서 자연스럽게 자신의 상처와 아픔을 공유했고, 이 발언들이 서로 접점이 없던 타인을 이해하고 존중하게 하는 매개가 되었다. 유독 추운 겨울 지난한 시간을 함께 보낸 투쟁 경험이 서로를 연결하고, 더이상 서로를 외면할 수 없게 한 것이다. 행진을 마치며 한 농민이 "우리 딸들 수고했다"며 격려하자, 다른 한 시민이 "딸이 아니고 논바이너리"[11]라고 말하고, 이 말을 들은 농민이 "알아두겠다"라고 답했다는 일화는 그 공간이 소수자의 존재에 대한 정치적 인정과 정체성 수용이 일어나는 장이었음을 보여준다.

이날의 경험은 그동안 한국사회에서 소외되었던 이들이 처

광장 이후

음으로 서로를 이해하고, 함께 투쟁에 나서서 마침내 승리를 거머쥔 것이었기에 더 감동적이었다. 이것은 아무도 의도적으로 기획하지 않은 새로운 연대였다. 발언 앞에 자신의 정체성을 밝히는 자기소개나 다양한 성별을 포괄하는 '젠더노소' 등의 신조어에서 보이듯 남태령이라는 장소는 새로운 민주주의 문화, 새로운 연대를 창출했다.

낯선 존재와의 연대를 통해 승리를 경험한 시민들은 더욱 낯선 현장으로 모여들었고, 여러 현장을 옮겨다니며 연대하는 '말벌동지'[12]도 출현했다. 말벌동지들은 2024년 12월 24일 전국장애인차별철폐연대 지하철 투쟁을 비롯해 동덕여대 사학비리 공학전환 반대 투쟁, 거제통영고성 조선하청지회 농성, 세종호텔 해고 노동자 농성, 여객기참사 공항 자원활동 등으로 현장을 옮겨가며 연대를 확장했다. 연대 경험은 새로운 배움의 장으로서 확장된 공동체를 만들었다. 농민들 역시 시민들의 마음에 화답하고자 2025년 서울 퀴어퍼레이드에 부스를 차리기로 했다.

남태령은 온·오프라인을 넘나드는 적극적 돌봄 실천의 장이었다. 남태령 현장에 가지 못했더라도 시민들이 SNS와 실시간 도로 CCTV 등을 확인하며 현장 상황을 파악하고 난방버스, 푸드트럭, 핫팩, 간식 등을 보내며 물리적 연대를 실천했다. 한 응답자는 남태령에서 경험한 "얼어죽을 것 같은 추위 속에서, 난방 버스와 물자가 속속들이 도착해 누구 하나 소외되는 이 없이 보급을 받던 순간"을 떠올렸다. 밤새 상황을 지켜보다 첫차가 운행되자마자 합류한 시민들이 필요 물품을 구비해 현장에 전달하기도 했다.

"배가 고파서 가져온 호떡을 먹었는데, 옆자리 아저씨도 하나 드렸어요. 그랬더니 호두를 주셔서 맛있게 먹은 기억이 있습니다. 나중에 아저씨께서 먼저 가시면서 '수고하세요'라고 인사하셔서 모르는 사람과 적절한 호의를 베풀며 가까워진 게 오랜만이라는 생각이 들었습니다."

"최근 뉴스를 보면 사람을 함부로 믿어선 안 된다고 합니다. 그 탓에 불안이 높아지고 신뢰가 낮아졌습니다. 그러나 광장에 나와 연대한 순간, 세상은 다르다는 걸 느꼈습니다. 사방에서 얼굴도 이름도 모르는 이들을 위해 음식과 필수품이 쏟아집니다. 혹 건강이 나쁜 사람이 없나 살펴봅니다. 바닥났던 신뢰가 다시금 생겼기 때문일까요, 몇 번이고 집회에 나오고 싶다는 생각입니다."

'가장 기억에 남는 집회 장면' 주관식 응답 중 일부

『21세기 상호부조론』을 펴낸 변호사이자 사회운동가 딘 스페이드에 따르면 첨예한 위기들이 시민의 생존을 위협할 때 정부가 제 역할을 하지 못하면 오히려 이에 맞서 대응하는 '보통 사람들'의 상호부조가 늘어난다. 이러한 상호부조는 대중의 자발적·헌신적 참여를 바탕으로 대담하고 혁신적인 방식을 생성하고, 사회운동과 연계되어 혁명적 변화를 이뤄낼 수 있다. 이번 윤석열 탄핵 광장이야말로 새롭고 과감하며, 자발적이고 헌신적인 상호부조의 장이다. 퇴진이라는 공통의 필요와 관심으로 모였지만, 그 안의 역동은 새로운 운동 문화를 만들고 연대를 확장하고 조직해내고 있다.

광장이 집단적 돌봄의 장이 된 건 비단 남태령만의 일이 아니었다. 매주 광장 한편에는 시민들이 후원한 푸드트럭과 난방 버스가 자리를 채웠고, 십시일반 모인 후원금 덕분에 매주 집회 무대가 설치될 수 있었다. 시민들은 SNS를 통해 적극적으로 후원을 독려하고 동참했는데, 비상행동의 후원 계좌명이 었던 '카카오뱅크 심규협'이 일종의 SNS 밈이 되기도 하고, 깃발로 만들어지기도 했다.[13] 무엇보다 밤낮없이 일하며 책임을 다한 시민사회단체 활동가들과 바쁜 일상에서 짬을 내 참여한 자원활동가들의 헌신이 없었다면 123일이라는 긴 시간 동안 광장을 유지할 수 없었을 것이다. 시민들의 상호부조는 당장 위기를 넘길 수 있는 즉각적인 역할을 하면서도 완전히 새로운 사회를 수립하는 데 필요한 기술과 역량을 제시했다. 우리가 다시 만들 세계에서는 공동체를 지킬 수 있는 돌봄과 연대의 능력이 공적 자산이자 사회적 역량으로 인정받아야 한다.

팬데믹 이후의 사람, 장소, 환대

청년세대에게 이런 광장의 경험이 더욱 새롭게 다가온 것은 이들의 성장배경과도 관련이 있다. 2020~2023년 청소년기나 청년기를 보낸 청년들의 경우 한창 활발히 외부와 교류해야 할 시기에 전염병 예방을 위한 '거리 두기'라는 사회적 단절을 겪은 탓에 넓은 공간에서 긴밀히 누군가와 연결되는 일이 생경할 수밖에 없다. 게다가 이들 다수는 청소년기에 세월호참사의 영향으로 집단행동에 대한 트라우마를 안고 있거나, 그런 기회를 애초에 갖지 못했다. 그런 이들에게 대규모 광장이 주는 연결감은 낯설지만 신선한 경험이었다.

'윤석열 퇴진'이라는 하나의 목표 아래 마련된 광장은 그 목표보다 더 넓은 환대의 공간이었다. 내가 어떤 사람이든 상관없이 열린 마음으로 반겨주는 공간, 정치적인 이야기를 함께 나눌 동료 시민을 만나는 장이었다. 어떤 참여자는 광장을 계기로 은둔 고립 경험을 극복했다고 고백하기도 했다.

"집회에 나오는 것을 즐기거나 뿌듯해하는 사람들을 보면서 이렇게나 외로운 사람들이 많았구나, 감정을 표출할 곳이 필요했구나, 혼자 생각했던 것이 기억납니다. 광장이 각자의 중요한 문제들에 대해 피력하는 공론장 역할을 했다고 생각합니다."

"저는 주로 은둔하며 살아서 사람들과 말하는 게 어려웠습니다. 바깥에 나가도 제게 말을 거는 사람이 없었고, 저도 사람들에게 말을 걸지 않았어요. 그러나 집회에, 광장에 나간 뒤부터 사람들과 말하는 것, 먼저 말을 거는 것이 기꺼워졌습니다. 최근에는 옆자리 분이 신문지만 깔고 앉으셨길래 제가 가져온 크고 두꺼운 담요를 함께 깔고 앉자고 제안하기도 했습니다."

'가장 기억에 남는 집회 장면' 주관식 응답 중 일부

윤퇴청이 '광장의 반가운 얼굴이 되자'라는 목표를 세운 것도 이런 지점들과 연결된다. 민주주의 위기 속에서 시민의 책임을 다하고 싶지만, 참여할 방법이나 같이 갈 친구가 마땅치 않은 이들에게 안전한 동료 시민으로서의 플랫폼이 되고자 했다. 윤퇴청은 집회에 나갈 때마다 윤퇴청 깃발 아래에서 함께 행진할 시민들을 모았고, 다양한 행사를 기획하며 개인 참여자들의 역할을 적극적으로 살렸다.

하나의 사례로 〈국민의힘 MZ 장례식〉을 들 수 있다. 윤석열 탄핵소추안 표결에 불참한 국민의힘을 비판하는 이 장례 퍼포먼스에서 X(구 트위터)를 통해 연락이 닿은 청년 장례지도사가 축문을 써와 직접 낭독했다. 당일 행사에는 평일 점심시간임에도 불구하고 200여 명의 청년들이 참여해 '삼가고故당 국민의힘'에게 헌화를 하고 즉석 발언을 이어갔으며, 근조화환을 돌려보내는 국민의힘에 항의하여 청년들이 직접 '인간

화환'이 되어 퍼포먼스를 벌이기도 했다. 이 퍼포먼스는 윤석열 탄핵 시위 국면에서 전국적으로 장례 퍼포먼스와 상여 투쟁 등이 확산되는 계기가 되었다.

또한 그 외에도 윤퇴청은 청년들에게 낯선 집회 현장이나 농성장 등을 유쾌한 투쟁 현장으로 만들기 위해 노력했다. 농성장 지킴이 프로그램을 기획하면서 민주주의 관련 책을 밤새 함께 읽거나 타로가 취미인 참여자를 '이끔이'로 세워 〈파면 여부 빼고 무엇이든 물어보세요〉 타로 프로그램을 진행하거나, 민중가요를 함께 부르고 배우는 행사를 열기도 했다. 다양한 기획과 행사를 통해 만난 청년 시민들은 새로운 책임과 역할을 맡으며 광장을 더 단단하게 이어주는 고리가 되었다.

우리는 다양하고 평등한 민주주의를 원한다

앞서 소개한 것처럼 다양한 서사를 간직한 광장의 청년들이 바라는 한국사회의 미래는 어떤 모습일까? '내가 바라는 한국사회 미래상'에 대한 주관식 응답들을 분석해보았다. 중심 단어로 언급된 것은 '평등' '다양' '사람' '모두' '존중' '차별' '포용' '연대' '존엄' '민주주의' 등이었다. 단어 간의 연결을 살펴보면 '다양'성을 '존중'하고 '약자'의 '평등'을 보장하는 동시에, '차별금지법' '동성혼 법제화' '생활동반자법' 등 실질적으로

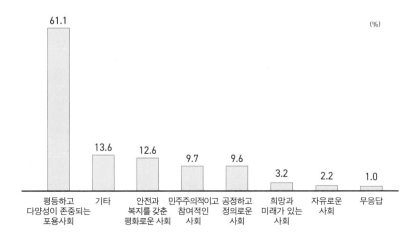

그림 8   내가 바라는 한국사회 미래상(중복 응답)

(%)

- 61.1 평등하고 다양성이 존중되는 포용사회
- 13.6 기타
- 12.6 안전과 복지를 갖춘 평화로운 사회
- 9.7 민주주의적이고 참여적인 사회
- 9.6 공정하고 정의로운 사회
- 3.2 희망과 미래가 있는 사회
- 2.2 자유로운 사회
- 1.0 무응답

차별을 해소할 수 있는 정책을 희망하며, '여성' '장애인' '가난'
한 '사람' 등 구체적으로 '소외'되거나 '해방'되어야 하는 대상
이 언급하기도 했다.

키워드를 중심으로 유사 응답을 연결해 분류하니 "평등하
고 다양성이 존중되는 포용 사회"를 꿈꾼다는 응답이 61.1%
로 가장 높았다. 이어 "안전과 복지를 갖춘 평화로운 사
회"(12.6%), "민주적이고 참여적인 사회"(9.7%), "공정하고 정
의로운 사회"(9.6%) 등이 뒤를 이었다. 가장 많이 언급된 평
등과 다양성 관련 주관식 응답을 일부 소개하자면, 청년들은
"'나중에'[14] 민주주의 대신, 모든 소수자와 함께 가는 민주사회"
"누구에게나 혐오 없는 언어를, 기회를, 제도를!" "가장 약자에게 편하기에 모두가 편해질 수 있는 사회" "소수자가 억압받지 않고 누구나 인간다운 삶을 살 수 있는 사회" 등을 바랐다.

지난 1월 23일, 윤퇴청 설문조사 결과 발표 및 토론회에 광장 이후 다양한 투쟁 현장에 연대하는 청년 여성을 시민 패널로 섭외했다. 그 패널은 "윤석열 퇴진을 위해 거리에 나선 청년들은 이제 윤석열 퇴진만을 외치지 않습니다. 양곡법과 차별금지법 제정, 비정규직 철폐, 의료민영화 반대, 장애인 이동권 보장, 운수노동자 권리 보장 등을 요구합니다. 우리가 바라는 한국사회는 '평등하고 다양성이 존중되는 포용 사회'입니다"라고 말했다. 광장에서 접한 다양한 사회문제와 그로 인해 살피게 된 가치들은 이전으로는 돌아갈 수 없는 감각을 남겼다.

미국 정치철학자 아이리스 매리언 영은 『차이의 정치와 정의』에서 차이를 녹여 없애는 것이 아니라, 집단 간 차이를 억압하지 않고 오히려 재생산하고 존중하는 제도들을 이뤄내는 것이 사회정의라고 설명했다. 우리는 2016년 촛불광장을 건너 2024년과 2025년 현재의 광장을 통해 서로의 차이를 존중하는 다양성의 민주주의가 얼마나 견고할 수 있는지, 또 그것이 얼마나 새로운 문화와 가치를 형성할 수 있는지를 배웠다. 이제는 차이를 존중하는 태도가 개인의 미덕을 넘어 제도로 뒷받침되는 사회 기반으로 자리잡아야 할 때다.

지금보다 더 강하게

아직 내란은 끝나지 않았고, 앞으로도 극우세력의 준동은 더욱 심해질 것이다. 극우세력은 제 힘을 과시하고 젊은 이미지를 내세우기 위해 계속해서 청년들을 동원한다. 내란 우두머리 윤석열은 여전히 여러 경로를 통해 '자유 청년'을 호명하는 메시지를 발산하고 있다. 그들이 세를 불리는 동력은 차별과 혐오이다. 반페미니즘 진영의 대표주자인 '신남성연대'가 극우 선동의 선봉에 섰고 혐오 대상은 끝없이 확대된다. 여성, 성소수자, 이주민, 노동자, 농민, 그리고 이제는 민주시민까지. 그들의 세계, 그들의 방식으로는 누구든 혐오의 대상이 될 수 있다.

광장이 만들어낸 돌봄과 연대, 다양성과 차이에 기반한 민주주의는 그들이 감히 흉내낼 수 없는 우리만의 서사이자 무기다. 광장의 주역들은 반짝반짝 빛나는 응원봉과 재기발랄한 깃발, 신나는 K-pop 음악과 EDM 구호로 집회를 새롭게 탈바꿈했다. 탄핵 국면을 지나면서 소녀시대의 〈다시 만난 세계〉는 새로운 민중가요로 확고하게 자리매김했다. 집회의 이미지나 실제 모습이 달라졌듯 앞으로 우리가 맞이할 민주주의, 정치와 사회도 달라져야 한다. 그 시작은 정치의 변화여야 한다.

앞선 설문조사에서 청년들은 민주주의의 심각한 위기로 경제적 불평등을 지적했다. 청년세대는 계급적으로도 분화된 동시에 다양한 정체성으로도 분화된다. 그 차이들이 차별이나 혐오로 이어지지 않도록 제도적 보완이 필요하다. 그것이 우리가 광장의 정신과 가치를 살리는 일이다. 1960~1970년대 서구의 신좌파 운동은 분배 부정의만큼이나 젠더, 섹슈얼리티, 인종 등 차별이나 혐오, 모욕 등의 문제를 함께 해결해야 한다고 주장했다. 특히 낸시 프레이저는 재분배 정치와 인정 정치를 결합하지 않는다면 정의를 향한 투쟁이 결코 성공할 수 없다면서 정치 공동체 내부에서의 경계를 넘어서는 대표성을 확보하는 데까지 나아가야 한다고 주장한다.[15]

윤석열 파면 선고까지 힘차게 달려온 대규모 광장이 점점 닫히고 있다. 어느덧 조기 대선을 맞아 정치의 시간이 도래했다. 많은 이들과 마찬가지로 나 역시 광장의 목소리가 잊히고 지워질까 걱정하고 있다. 정치적 위기 속에서도 분배의 불평등을 지적한 광장의 청년들이 기성세대의 인정을 넘어 스스로의 자리를 대표하며 평등한 사회를 만들어가길 희망한다. 청년들이 경제적으로 자립할 수 있도록 단단한 사회안전망이 마련되어 당당히 나로서 살아갈 수 있기를, 광장의 주역들이 국회와 정당, 시민단체에 자리잡고 제도정치와 사회운동의 주체로 우뚝 서는 날이 오기를 바란다. 내란을 끝낸 광장의 힘으로 불평등한 구조를 뒤엎고 새로운 민주주의의 길을 열기 위한 싸움을 우리 세대는 이미 시작했다.

한편, 광장을 확장하고 안팎을 연결하려는 시도도 계속해야 한다. 광장의 이야기와 목소리를 더 널리 알리는 동시에, 광장에 나오지 못했거나 나오지 않았던 청년들은 어떤 마음과 상황이었는지도 돌아봐야 한다. 앞서 언급했듯 범청년행동은 비상계엄 사태 이후 탄핵 찬성, 반대로 나뉘어 갈등하는 가운데, 집회 참여 경험이 없거나 한 차례뿐인 20~30대 100명을 만나 인터뷰를 진행했다.[16] 본 인터뷰에는 야근이 잦아서, 서울에 갈 여력이 안 돼서, 아이나 조부모를 돌봐야 해서, 건강이 좋지 않아서 등 집회에 나올 수 없었던 여러 현실적인 이유와 서명, 후원, 청원 등으로 마음을 전한 시도도 담겨있다. 집회 자체에 대한 부정적 시각도 있었지만 대체로 집회 참여자들에게 고마움과 뿌듯함을 갖고 있었고, 집회를 중요한 시민참여 수단으로 인식하고 있었다. 청년들은 대통령 하나 바뀐다고 세상이 바뀌리라 순진하게 믿진 않지만, '정치'가 잘못될 때 '시민'들이 직접 나서야 한다고 인식하고 있다. 이처럼 이번 집회에 참여했든 하지 않았든, 시민의 힘으로 민주주의의 위기를 막아냈다는 감각은 앞으로 한국사회의 중요한 자원이 되리라 생각한다. 극심한 양극화를 해소하는 과제가 남아있지만 한층 고양된 시민의식은 한국 민주주의 복원의 중요한 자산임이 틀림없다.

탄핵 촉구 시위에서 우리는 "윤석열 파면하고, 일상으로 돌아가자"라는 구호를 애타게 외쳤다. 빨리 파면이 선고되어 마음 편히 자고 싶은 마음이 아니었던 이들이 어디 있겠는가. 목청껏 구호를 외치는 한편, 일상이 이미 망가진 이들에게 이 말이 상처가 되지 않을지 고민하기도 했다. 하지만 다 함께 힘껏 그 망가진 일상을 고쳐나가자고, 나 역시 누군가의 일상의 변화에 기여하자고, 그러니 일상으로 돌아가길 멈추지 말자고 결론을 내렸다.

앞으로 윤퇴청은 '윤석열퇴진을위해행동하는청년들'에서 '광장을잇는윤퇴청'으로 조직명을 정비하고 광장의 가치를 정치로 이어가려고 한다. 우리에게 필요한 '더 많은 일상의 광장'을 만들어나가는 일이 그 시작이 될 것이다. 한국사회에는 정치·사회 문제를 토론하며 성장할 수 있는 장이 거의 없다. 오히려 정치를 말하지 않는 것이 사회적 에티켓이 된 형국이다. 시민들이 일상의 공간에서 서로 가진 생각과 고민을 나누고, 작지만 강력한 실천을 싹틔울 수 있도록 돕는 다리가 되고 싶다.

또한 이제는 '불평등물어가는범청년행동'이 된 청년 연대체를 통해 조기 대선 국면에서 청년들이 겪고 있는 불평등 문제를 가시화하고 이를 후보들의 공약과 정책으로 끌어내기 위한 액션을 지속할 것이다. 범청년행동은 사회적 참사로 친구를 잃은 청년, 각종 사회안전망의 보호를 받지 못하는 불안정 노동 청년, 돌봄 부담으로 미래를 준비하지 못하는 청년, 과로 및 직장 내 괴롭힘에 시달리는 청년, 차별과 폭력에 노출된 청년, 전세 사기로 마음 편할 날 없는 청년, 기후 재난에 삶터를 잃은 청년 등 광장 안팎에서 모아온 청년들의 목소리를 바탕으로 우선 정책과제를 논의했다. 정치, 인권, 안전, 노동, 복지, 젠더, 기후, 주거, 자립, 자산, 참여, 지역 등 총 12대 분야 46개 정책으로 정리해 각 대선후보 캠프에 제안해 정책 협약을 체결하고 있다. 필요할 때만 청년을 동원할 뿐 실질적 대안 논의를 등한시해왔던 기성세대와 정치권의 '청년팔이' 역사가 반복되지 않도록 감시할 것이다. '이대남' '이대녀' 혹은 '극우 청년'과 '응원봉 청년'으로 대립 구도를 재생산하는 담론에도 대응하고자 한다. 비상행동은 '내란청산사회대개혁비상행동'으로 이름을 바꾸고 내란세력 심판 및 사회대개혁 어젠다를 관철하여 완전한 민주주의를 회복하는 데 전력한다.

앞으로 광장의 이야기가 정치의 영역에서 더욱 많이 다뤄지길 바란다. 대선 후보들이 추운 겨울 광장을 지켰던 시민들에게 최소한의 예의를 지켰으면 좋겠다. 국가적 위기를 온몸으로 막아낸 사람들의 목소리가 또다시 지워져서는 안 되기에, 이 기록이 절박한 이들의 마음을 돌보는 데 좋은 참고가 되길 바란다. 광장의 얼굴, 광장의 마음, 광장의 이야기는 새로운 한국사회를 만드는 강력한 동력이 될 것이다. 우리 함께, 새로운 세상을 만들자.

이재정

2030 남성
프레임 전쟁
—그들에게는 없는 응원봉

이 장에서 저자는 '왜 2030 남성들이 광장으로 나서지 않았는지' 해석하며,

'보수화된 2030 남성'은 정치 고관여층과 미디어가 만든 프레이밍의

결과임을 주장한다. 또한 2030 남성의 선택을 이해하기 위해

청년 집단 내 차이, 능력주의와 공정, '생계 부양자' 문제를 살핀다.

이어 젠더 갈등을 조장해온 병역 및 세대 간 '갈라치기'라며

청년을 비난하는 연금개혁 등 복합 문제,

청년세대의 불안을 반영한 가족 형성 문제에 대한 해설을 시도하며,

청년을 주체로 한 정치적 공간을 창출하길 요청한다.

양승훈

사반세기 전 대학 학생회실 세미나에서 읽고 쓰고 토론하다가 거리로 나서기 시작했다. 2002년 촛불집회 때 "시위에 참여한 사람들의 다양한 목소리를 단상의 스피커가 대표할 수 있는가?"라고 질문하며 각자의 목소리를 낼 수 있는 공간에 대한 문제의식을 키웠다. 2008년에는 군복을 입고, 2016년에는 작업복을 입고 촛불집회가 벌어지는 광장으로 향했다. 새로이 유입되어 분노와 열망을 표출하는 시민들, 오랫동안 집회 현장을 굳건히 지켜낸 사회운동 세력, 그들의 열망을 조직하려는 정치인들이 만드는 역동성을 관찰하려 애써왔다. '빛의 광장'에서 '응원봉'을 들지 않은 이들의 복잡한 심기와 함께 그들이 매일 접하는 삶의 현장이 어떻게 변화하는지 관찰하려 한다. 그들 역시 언제든 환대받으리라 생각하고, 그래야 한다고 믿기 때문이다. 민주주의자로서, 어려운 문제를 회피하지 않고 다양한 배경의 사람들을 끝끝내 설득해냈던 〈12인의 성난 사람들〉 속 한 배심원이 되길 소망한다.

12·3 내란의 밤과 광장의 정치

2024년 12월 3일 국민 모두를 불면증에 시달리게 한 비상계엄 사태가 벌어졌다. 윤석열 전 대통령은 밤 10시 30분경 갑작스럽게 계엄을 선포하고, 군과 경찰, 방첩사, 심지어 HID(북파공작원부대) 요원들까지 동원해 국회는 물론 선거관리위원회(이하 선관위)부터 유력 인사, 미디어까지 전방위적으로 장악하려 했다. 시민들은 국회 앞에 모여 군경과 대치하며 공권력의 부당한 집행을 막았고, 국회의원 다수는 사태가 벌어지자마자 국회로 달려가 두 시간 만에 해제 결의안을 통과시켰다. 결국 다음날 새벽 윤석열은 계엄을 해제했다. 윤석열에 대한 탄핵안은 국민의힘의 반대로 한 차례 불발되었다가 열흘이 지나 국회를 통과했고, 헌법재판소는 거의 넉 달간의 숙고를 거쳐 윤석열을 파면했다.

계엄이 벌어진 후 분노한 시민들은 여의도와 경복궁, 그리고 용산 인근으로 모여들었다. 과거 2016~2017년 박근혜 국정농단 사건은 시민들의 '촛불혁명'을 일으킨 바 있다. 2024~2025년에는 '응원봉'이었다. 2030 여성은 소녀시대의 〈다시 만난 세계〉를 집회의 새로운 민중가요로 정착시키고 응원봉을 흔들며 '빛의 혁명'을 일구어냈다.

여야 공히 참여하고 시민들의 80% 이상이 지지하며 박근혜 대통령을 권좌에서 끌어냈던 촛불혁명은 순탄하게 전개됐다. 정치권에서 탄핵이냐 조기 퇴진이냐를 두고 갑론을박하기는 했지만, 촛불 대오는 일관됐고 여론 역시 국정농단 사태가 헌법 절차에 따라 정당하게 마무리되는 것을 지지했다.

하지만 이번 내란 사태와 대통령 파면에 이르는 길에서는 두 가지 어려움이 있었다. 하나는 조직된 극우의 목소리가 커졌다는 점이다. 전광훈 목사를 비롯하여 여러 '아스팔트 우파'들의 광장 점거는 수년째 이어져온 일이다. 그런데 아스팔트 우파 집회의 단상에 새로운 얼굴들이 등장하여 부정선거론, 중국 개입론, 자유 우파 승리론 등을 함께 외쳤다. 그들은 바로 '젊은 극우'였다.

60대 이상 노인들이 모이던 집회에 2030 청년 남성이 결합해 온갖 욕설로 거들다, 급기야 헌정질서와 법질서를 모두 무시하며 법원의 담을 넘기에 이르렀다. 2025년 1월 19일 수백

명의 인파가 윤석열에 대한 구속영장 발부 책임이 있는 서부지법으로 몰려들어 법원의 담장을 넘어 시설물을 파괴하고 영장을 담당한 판사를 잡겠다며 난동을 부렸다. 결국 141명이 현행범으로 체포되고 92명이 구속되었다.[1] 극우의 정치세력화 가능성을 과소평가했던 한국사회는 충격에 빠졌다.

또하나는 탄핵 반대 여론의 높은 수치였다. 적게는 20%, 많게는 40% 가까이 윤석열 탄핵에 반대했다. 특기할 만한 사항은 2030 남성들의 탄핵 반대 비율(35% 내외)이 같은 세대 여성의 비율(10% 내외)보다도 훨씬 높았다는 점이다. 물론 2030 남성 가운데서도 탄핵 찬성 의견이 더 높았지만, 같은 세대 여성들에게서는 탄핵 찬성 의견이 압도적으로 높았기에 성별 간 격차가 도드라져 보였다.[2]

이런 양상 속에서 '2030 남성의 보수화'와 '극우세력의 위협'이 언론과 대중 담론에서 반복적으로 조명되었다. 적어도 1987년 이후 일관되게 정치적으로 진보적 선택을 했던 청년 남성의 이미지는 이제 사라졌다. 광장의 젊은 여성들을 찬양하는 목소리는 한결같이 2030 남성을 꾸짖거나 배제되어야 할 '덩어리'(단괴)로 취급한다. 더불어민주당, 조국혁신당(또는 진보당이나 기본소득당)을 지지하지 않는 선택에 대해 규탄하는 것은 물론이고 이들을 언제든 서부지법의 담을 넘는 백색테러주의자가 될 수 있는 잠재적인 위험군으로 보기도 한다.[3]

문제는 2030 남성들이 정말로 극우가 된 것인지, 극우화 경향을 보이는 것인지, 아니면 기존 보수 성향이 강화된 것인지 등을 정밀하게 살피는 경우가 학계는 물론 정치권과 언론에서도 좀처럼 찾아보기 어렵다는 것이다. 2030 남성의 목소리를 성실하게 들어보려는 노력도 드물다. 광장에 보이지 않는 남성과 서부지법을 넘은 남성, 두 가지의 표상만 넘실댈 따름이다.

2030 남성들도 민주주의에 대한 신념이 있다. 영화 〈서울의 봄〉은 청년층 사이에서 남성과 여성 모두에게 고른 호응을 얻었다. 후발 민주주의국가인 한국에서 민주화는 청년세대와 상대적으로 가까운 '부모님 세대'의 업적인 동시에, 권위주의에 시달린 기억과 이에 대한 반감은 청년세대에게도 희미하게나마 존재한다. 예컨대 학교 체벌은 공식 폐지된 지 20년이 넘었지만, 많은 학교에서 '체벌 허용'이 적힌 가정통신문을 보내고는 했으며 두발 단속은 아직도 행해지고 있다. 개인이 원하지 않는 방식으로 신체를 구속하는 권력 행위를 어렴풋이나마 경험해온 것이다. 또, 군복무중인 2030 남성 병사들은 12·3 내란의 밤, 최상급 지휘관의 지시 앞에서도 태업을 하며 간접적으로나마 민주주의적 질서와 시민에 대한 국가권력의 공격을 막았다. 설령 한국의 2030 남성들이 보수적인 우파를 자임한다 하더라도 가치의 아노미 상태에서 민주주의 자체를 멸시하거나 부정하는 유럽의 극우파 청년들과는 사뭇 다른 양상을 보일뿐더러, 보수적으로 보이는 그들의 가치지향이 굳어진 것도 아니다.

이 글에서는 2030 남성을 둘러싼 프레이밍을 넘어, 그들의 진짜 목소리를 듣고 새로운 정치적 공간을 창출하기 위한 본격적인 논의를 제안하고자 한다. 이를 위해 다음을 비판적으로 검토해볼 필요가 있다. 첫째, 전체적으로 볼 때 2030 남성이 보수화되었다고 말할 수 없다. 둘째, 2030 남성 절대다수는 극우파와 무관하다. 셋째, 최근 10년간 이들의 요구는 변함없었다. 넷째, 2030 남성은 단일하지 않다. 다섯째, 2030 남성은 역할 모델의 덫에서 헤매고 있다.

2030 남성은 어쩌다 '잠재적 극우'가 되었나?

2030 남성이 잠재적 극우파로 의심받게 된 까닭이 그들의 보수 성향 때문일까? 그렇다기보다는 정국이 풀리지 않을 때마다 진보진영이 사태의 원흉으로 2030 남성을 지목하다보니 문제가 된 것에 가깝다. 민주당의 지지율이 예상보다 떨어지거나 선거에서 고전할 때마다 청년에게 다가갈 방법을 고민하는 게 아니라 '청년 보수화'를 꾸짖은 것이다. 이번 12·3 이후 사태 역시 마찬가지로 해석할 수 있다. 순리대로 쉽게 풀리리라 예상했던 탄핵 선고 심판이 지연되고 윤석열에 대한 구속 영장 청구가 진행되는 와중에 서부지법 사태가 벌어지자, '극우의 준동'이라는 프레임 속에서 2030 남성이 다시금 조명되

었다.

잠시 역사를 들춰보자. 1987년 6월의 직선제 개헌을 이뤄낸 광장 이후 2000년대까지 노동자 집회나 대학가 학생운동 집회가 아닌 이상 광장을 가득 메우는 대중집회는 보기 힘들었다. 그러다가 2002년 동두천에서 복무중이던 미군에 의해 여중생 사망사건이 발상했고, 당시 '앙마'라는 네티즌이 촛불이라도 들자며 PC통신 등 온라인 게시판에 글을 쓴 것을 계기로 범죄자 송환과 한미 주한미군지위협정SOFA 개정을 촉구하는 대규모 집회가 전국적으로 일어났다. 2002 한일 월드컵을 통해 집단적 거리 응원 문화를 체험한 시민들은 곧이어 촛불을 들었고, 이러한 열기 속에 제16대 대선에서 노무현 대통령이 당선되었다. 2002년의 시위 현장에서는 참여 단체들의 깃발에 익숙하지 않은 시민들이 "깃발을 내리라"고 요구하면서 단체 참여자들과 갈등을 빚는 일도 있었으나 점차 시간이 지나며 시민들은 시위 현장의 깃발에 익숙해졌다.

한동안 촛불의 이름을 이어받은 산발적인 집회들이 열리다 2008년 미국산 소고기 광우병 파동과 한미 자유무역협정FTA을 겨냥한 시위가 다시 전국적으로 일어났다. 이때부터 10대들이 본격적으로 참여하기 시작했고, 촛불시위는 더욱 다채롭고 자발적인 참여 문화로 발전하고 확산되었다. 이 기세에 놀란 이명박 정권은 차벽으로 광화문을 막기도 했으나, 결국 대통령이 사과하는 상황에 이르렀다. 물론 2008년 촛불집회는 한미 FTA에서 미국산 소고기 관련 쟁점이 조정되고, 광우병에 대한 논쟁이 진정되면서 급속히 와해된다.

그리고 2014년의 세월호참사를 경유해 2016~2017년 이화여대 미래라이프단과대학 신설 문제 및 정유라 부정입학 사건은 '박근혜·최순실 국정농단 사건'으로 점화하면서 전국적인 촛불집회로 확산되었다. 매주 열린 촛불집회에는 집회측 추산 수백만 명이 참여했고, 이렇게 거대한 시민 저항을 정권은 감당하지 못했다. 그 결과 박근혜는 파면되고, 시민은 승리했다. 2008년 10대들이 광장에 왔던 것처럼 2016~2017년에는 수많은 청년이 합세했다. 그 가운데는 2015년을 기점으로 확산된 페미니즘 리부트의 영향을 받은 젊은 여성도 많았다. 이 시기에는 청년세대 내부의 성별 갈등을 문제삼는 담론은 거의 보이지 않았다.

넉 달 동안 그 광장에는 누가 있었나

7년의 세월이 흘렀다. 2024년 12월 3월 이후 여의도는 탄핵을 염원하는 '응원봉'을 든 청년 여성들의 물결로 가득찼다. 이들은 〈다시 만난 세계〉를 열창하며 새로운 세계가 오리라고 외쳤다. 이미 2016년의 이화여대 시위 때 〈다시 만난 세계〉가 투쟁가로 쓰이긴 했지만, 당시 촛불집회 때 가장 많이 부르던 곡은 민중가요 작곡가 윤민석의 〈헌법 제1조〉였다. 2024년 광장은 달랐다. 〈다시 만난 세계〉가 중요한 순간마다 울려퍼진 이번 광장에서는 기존 사회운동 세력의 시위 문법이 크게 바뀌었다. 소속 단체가 없는 시민들이 자발적으로 온갖 창의적인 깃발을 제작해 들고나왔다. 2002년의 시민들이 단체에게 깃발을 내리라며 시비를 걸었다면, 2024년의 시민들은 스스로 깃발이 된 것이다. 비상계엄 11일 만인 12월 14일, 국회는 204명이 찬성표를 던져 윤석열에 대한 탄핵안을 가결했다.

진보진영은 오랫동안 투쟁의 관성에서 벗어나지 못했고, 변화의 필요성을 인식하면서도 실질적인 전환의 계기를 마련하지 못했다. 이러한 상황에서 응원봉을 들고 깃발이 되어 나타난 청년세대의 등장은 진보진영 내부에서 환호와 기대를 불러일으켰다. 젊은 여성에 대한 상찬 역시 당연한 수순이었을 것이다. 다수 미디어는 방대하고 정교해진 공공 데이터를 바탕으로, 주말마다 열린 비상계엄 규탄 및 탄핵 촉구 집회에 모인 이들의 세대별·성별 데이터를 시각화하고 '다시 만난 세계'를 열어낸 2030 여성을 집중 조명했다. 양곡법 개정에 반대하는 농민들이 상경하여 경찰과 충돌한 남태령에서는 응원봉을 든 시민들이 농민들을 맞이하고 지원했다. 민주노총과 전농이 2030 여성들의 지지와 위로를 받는 모습은 수많은 활동가들의 가슴을 뭉클하게 했다. 상당수 청년 여성 역시 이전에는 알지 못했던 사회운동의 필요성을 깨닫고, 그들의 활동에서 온기를 느꼈다고 고백했다. 차별금지법을 통과시켜 다른 세상의 가능성을 만들겠다는 다짐도 이어졌다.[4] 2016~2017년에도 쉽지는 않았으나 박근혜 파면이라는 결과를 얻어냈기에, '광장'의 경험을 가진 시민들은 지금은 춥고 어두워도 내란 수괴와 그의 세력이 곧 체포되어 법의 처벌을 받으리라 기대하며 견뎠다.

하지만 2025년 새해를 맞이하면서 낙관적 기대가 주춤했다. 윤석열은 내란죄 수사를 진행한 고위공직자범죄수사처(이하 공수처)와 체포영장을 발부한 법원의 판단을 수용하지 않았다. 수감 이후 진행된 헌법재판소의 탄핵 심판 변론에 직접 참석하여 자신의 정당성을 주장하며 '부정선거론'과 '중국인 개입론'을 설파했다. '자유대한민국'을 염원하는 지지자들을 호명하며 감사를 표하고 현사태를 이겨내겠다고 다짐했다. 매주말 광화문 인근을 에워싸고 예배를 동반한 집회를 열어 결집하던 '아스팔트 우파'와 〈신남성연대〉 등 극우파 유튜버들과 그들을 지지하는 집단이 호응했다. 이들은 광화문을 넘어 한남동에 진을 치고 "탄핵 반대" "서버 까!" "Stop the Steal!" 등 부정선거론자들의 주장을 반복하며 세를 키웠다.

2025년 1월 19일 급기야 일군의 극우파는 서부지법의 담을 넘었다. 수많은 유튜버의 라이브 스트리밍 방송이 '증거'로 채증되었고, 기자들이 위험을 무릅쓰고 그들을 동행 취재하며 현장 상황을 국민에게 알렸다. 내란 사태 종결의 지연, 극우파의 집결, 서부지법에서의 난동이라는 세 가지 요소는 '다시 만난 세상'이 희망의 서사만으로 완수될 수 없으며 그 안에 복합성과 긴장이 내포되어 있음을 드러냈다.

서부지법 사태 이후 미디어와 사회 비평은 득세하기 시작하는 독일의 독일을위한대안이나 프랑스의 국민연합 같은 극우파 정당을 소환하고, 재집권한 미국의 트럼프와 MAGA Make America Great Again 세력을 조명하며 한국에서도 극우파가 세력을 키워 준동하리라는 우려와 공포를 전했다. 전 세계적인 극우파의 확산과 한국의 '자유 우파'의 움직임은 '정치적 내전 상태'라는 일부 지식인 담론과 공명했다. 이제 헌법재판소의 판결만 남겨둔 가운데 극우단체의 시위가 강경해졌다. 이에 맞선 시민들도 다시금 응원봉을 들고 나섰지만, 서부지법 난동 이후 석 달을 더 기다리며 초조하게 판결을 기다려야 했다.

같은 시점, 여의도의 광장 정치에 참여하지 않고, 보수화되었으며, 더불어민주당·조국혁신당, 여타 다른 진보정당을 지지하지 않으며, 페미니즘에 반대하는 2030 남성 역시 발견됐다. 서부지법 사태 이후 언론은 몇 주간 2030 남성의 보수화에 주목하며 관련 보도를 쏟아냈다. 조회수가 곧 수익으로 연결되는 미디어 구조 속에서, 정치 고관여층이 주로 보는 유튜브 채널과 SNS는 2030 남성의 보수화를 정치적 입장에 따라 비판하거나 예찬하는 식으로 대결 구도를 재생산했다. 조회수로 이득을 취하는 동시에 지지층을 결집시키는 전략이었다.

민주주의를 수호하러 광장에 나온 2030 여성과 민주주의를 외면하다 급기야 서부지법의 담을 넘은 2030 남성. 미디어에서는 이 장면을 세계적인 극우 확산 흐름과 맞물린 '보수화된 2030 남성' '잠재적 극우인 2030 남성'이라는 프레임으로 구성했다. 우리에게 2030 남성이라는 인구 집단 전체를 포기하는 길밖에 없을까? 그보다 먼저, 보수화된 2030 남성이라는 프레임이 실상을 반영하기는 할까? 우리 앞에는 무척 복잡하고 다양한 검토 사항들이 존재한다.

팩트체크, 그런 2030 남성은 없다

나는 이 글에서 두 가지 핵심적인 주장을 하려 한다. 첫째, 2030 남성 극우의 존재와 2030 남성의 극우화는 전혀 다르고, 극우화와 보수화는 곧바로 연결되지 않는다는 점이다. 둘째, 2030 남성이 보수화되었다고 보기 어렵고, 이들이 보수화된 것으로 보이더라도 이는 10년간 누적된 진보 정치세력에 대한 불만의 표현이며, 이들의 정치적 성향은 여전히 잠정적·유동적이라는 점이다. 이를 위해 꼭 필요한 팩트체크를 수행할 것이다.

잠시 한국 우파 중 주류를 이룬 집단의 역사에 주목해보자. 이들은 다양한 분파를 이루긴 하지만 반공주의, 반북 정서, 반노동조합 기조를 바탕으로 한미 동맹과 경제성장을 핵심 노선으로 삼아왔다는 공통점이 있다. 한국의 주류 우파는 전후 이승만 체제부터 전두환 군부에 이르기까지 독재정치의 주체였으며, 1987년 민주화 이후에도 내내 정치의 중심 세력이었다.[5] 이들은 앞서 언급했던, 전 세계적으로 부상하는 중인 극우파와는 전혀 다르다. 주류 우파들은 경제 발전단계에서 산업화의 조건으로서 국가의 역할을 강조하고 부국강병을 지향했다. 이들은 과거 박정희 시기 '한국적 민주주의'와 같은 독재체제도 지지했지만, 조갑제, 정규재의 사례에서 보듯 민주화 국면 이후 선거에 의한 정권교체를 정당한 절차로 인정하며 '법과 질서'의 유지를 중요한 가치로 내세운다. 이주민혐오와 난민혐오, PC주의와 페미니즘에 대한 반대, 반세계화와 인종주의를 외치는 글로벌 극우파들의 관심 주제는 이들에게 중요한 의제가 아니다.

헌정질서를 부정하고 법질서를 위협하는 행위는 일반적으로 극우 성향으로 간주된다. 탄핵 정국에서 국민의힘 김민전 의원이 '서북청년단'이라는 단체를 국회에 초청해 발언 기회를 주었다가 여론의 뭇매를 맞고 사과한 바 있었다. 해방 정국과 한국전쟁 시절에 우파에 동조하지 않는 이들과 좌파 등 진보 세력에게 폭력을 행사한 자경단 중 하나였던 서북청년단의 이름을 온라인을 통해 모인 우파 단체가 사용한 것이었다.

2030 남성 가운데 이러한 우파의 비중이 높을까? 탄핵 찬

반을 일차적인 기준으로 삼아 살펴보면 그렇지 않은 듯하다. 2024년 12월부터 2025년 3월까지 진행된 갤럽 조사와 『시사 IN』의 조사를 살펴보면 적어도 과반이 윤석열 탄핵에 찬성했음을 알 수 있다.[6] 18~29세, 30대 남성을 기준으로 볼 때 최소 52%, 최대 67%가 윤석열의 탄핵에 찬성했고, 탄핵 반대는 20~35% 내외, 무응답 비율은 12~15%다. 이 12~15%를 모두 탄핵 반대 의견으로 돌리더라도 우리가 마주하는 2030 남성 중 다수가 탄핵에 찬성했다.

　윤석열 탄핵에 반대하는 20~35%가 극우에 해당한다고 볼 수도 있지 않을까? 다른 여론조사 결과를 추가로 보자. 먼저 2022년 3월 9일에 치러진 대통령 선거 결과에서 지상파 3사 성별·연령별 출구조사를 살펴보면, 당시 20대 남성의 36.3%가 이재명 후보를, 58.7%가 윤석열 후보를 지지했고, 30대 남성 중 42.6%가 이재명 후보를, 52.8%가 윤석열 후보를 지지했다.[7] 윤석열을 지지했던 2030 남성 중 탄핵을 반대하는 숫자는 애초 지지 인원의 60% 내외다. 보수적인 선택(윤석열 지지)을 했지만, 극우적인 선택(탄핵 반대)으로 확산되는 효과는 없었거나 크지 않았다고 말할 수 있다.

　남아 있는 윤석열 지지층 또는 탄핵 반대파가 극우세력에 가깝지 않느냐고 질문할 수 있지만, 이 역시 반드시 그렇게 볼 수는 없다. 2025년 4월 4일 윤석열에 대한 파면 결정이 난 직후 대선 의향을 묻는 한 여론조사에서 18~29세 남성의 '정권교체' 의견이 52.0%로 전 주의 42.7%보다 9.3%나 올랐다.[8] 정권교체에 대한 동의로 의견이 선회했다는 것은 탄핵 반대 의견이 애초에 탄핵 자체에 대한 거부라기보다는 야당에 대한 불만의 표현에 가깝다는 의미다. 탄핵을 수용하고 다음 국면으로 나아가기를 과반이 지지하는 것이다. 또한 2025년 4월 파면 직후 조사에서 2030 세대의 75%가 파면 결정을 지지했다.[9] 2030 전체 중 압도적인 비율로 파면을 지지한다는 것은 그 가운데 절반을 차지하는 남성의 다수도 파면을 찬성했음을 뜻하고, 또한 탄핵 반대파 중 적지 않은 이가 파면 찬성으로 입장을 바꿨음을 암시한다. 즉 2030 남성 가운데 군건한 극우파가 있다고 보기도, 그들 사이에 견고한 극우화가 전개되었다고 볼 수 없다.

2030 남성 중심 온라인 커뮤니티와 유튜브의 성장

남초 온라인 커뮤니티를 둘러싼 담론을 통해 2030 남성의 보수화와 극우화를 동일 선상에 놓는 미디어 및 비평의 시선은 오래된 관습이다.[10] 이번 탄핵 정국에서도 다르지 않았다. 그러나 2030 남성의 유입이 가장 많은 온라인 커뮤니티인 '에펨코리아fmkorea'(이하 펨코)와 부정선거론과 서부지법 난입 사태의 주역이었던 디시인사이드 윤석열 마이너 갤러리는 질적으로 다르다. 비상계엄 이후 많은 내부 논란에도 불구하고 펨코는 지속적으로 계엄에 비판적이었고, 탄핵에 찬성했다. 윤석열 때문에 민주당으로의 정권교체와 이재명의 대선 승리가 기정 사실화됐다며 '짜증'을 표현하는 경우는 더러 있었으나, 민주당에 대한 반감 때문에 탄핵에 반대하거나 계엄을 지지하지는 않았다. 서부지법 사태 때도 난동을 부린 폭도들을 비난했는데, 그러지 않더라도 "서부지법이 난동이면 동덕여대도 난동이다"와 같이 '비아냥'거리는 수준에 그쳤다. 반면 윤석열 마이너 갤러리는 지속적으로 윤석열의 어록과 '자유 우파' 진영의 글을 퍼나르고, 부정선거론과 중국인 선관위 잠입론을 언급하며 계엄 행위에 대한 지지를 멈추지 않았다. 이들은 결국 서부지법의 담을 넘는 데 응원을 보내거나 가담하는 세력이 되었다. 즉 펨코 내의 보수적인 분위기를 극우파와 곧장 연결하는 것은 비약이며 두 집단은 다르게 보아야 한다.

실제 2030 남성 중 난동을 부리는 극우파는 손에 꼽을 수준이고 이들에 대한 2030 남성의 지지도 미미하다. 다만 그들의 활동이 조직화되고 재정적 자원을 확보했을 따름이다. 2017년 문재인 정부가 출범하고 얼마 지나지 않아 이념적인 양극화가 진행됐고, 조국 사태 등 정권의 스캔들이 발생할 때마다 극우파가 성장했다. 2017~2018년을 지나며 〈성제준TV〉 〈윤튜브〉(윤서인 채널) 〈지식의 칼〉 〈팩맨TV〉 같은 개인 채널부터, 〈신의한수〉 〈가로세로연구소〉(강용석·김세의 채널, 이후

강용석이 〈KNL 강용석 나이트 라이브〉로 독립) 〈팬앤마이크 TV〉 등의 뉴스 기능을 갖추고 더욱 조직적으로 운영하는 우파 채널들이 등장했다. 이 채널들은 유튜버 간의 이합집산 속에서 부침과 재편을 반복하며 세를 넓혀갔다.

그러다가 윤석열 정권이 들어서면서는 우파 교회를 비롯한 '아스팔트 우파'와 결합하면서 적극적으로 행동하며 세력화하는 채널들도 등장한다. 〈신남성연대〉(배인규 채널)가 대표적이다. 그 이전에는 유튜버 안정권이 평산마을을 찾아가 하루 종일 라이브로 욕설 방송을 하기도 했다. 이후엔 정치평론을 표방하며 부정선거론 등을 설파하는 〈고성국TV〉, 전 국회의원 진성호의 〈진성호방송〉, 우파 지지자 채널 〈이봉규TV〉 등으로 점차 다양한 세대를 아우르게 되었다.

2030 남성은 우파 유튜버들에 의해 보수화되거나 극우파에 가담하게 되었을까? 그렇게 볼 만한 증거는 없다. 우파 유투버들의 주장은 대부분의 온라인 커뮤니티에서 논파의 대상이지 옹호의 대상이 아니기 때문이다. 오히려 '그들만의 리그'에 있던 우파 유튜버들이 윤석열과 국민의힘의 추인을 받아 수면 위로 올라왔다고 봐야 한다. 그 결과 이들이 거대하게 보이는 착시 효과가 나타났을 뿐이다.

사실 정치 유튜브 채널 가운데 국내 100위권에 들 만큼 대중적으로 인기 있는 채널은 없다. 세대별 통계는 명확하지 않지만 여러 K-pop 아이돌 채널, 〈김프로〉 같은 쇼츠 위주 채널,

〈보겸TV〉 등 코믹·일상 채널, 〈쯔양〉 등 먹방 채널, 〈슈카월드〉 같은 경제 정보 채널을 2030 남성들 역시 많이 보리라 추정한다.

게다가 집회 현장을 계속 라이브로 스트리밍하는 우파 유튜버들의 방송 형태는 쇼츠나 15분 이내의 짧은 콘텐츠를 선호하는 청년세대의 취향에도 맞지 않는다. 정치 유튜브를 적극적으로 소비하는 청년들이 40~50대에 비해 좀더 보수 성향 채널을 소비할 수는 있어도, 2030 남성 전체로 봤을 때 정치 유튜브를 많이 본다는 말은 사실이 아니다.

가장 중요한 논점은 '2030 남성의 보수화' 혹은 '잠재적 극우' 담론이 반민주당, 반페미니즘, 친윤석열, 2찍남 등의 정치적 표지를 기준으로 삼는데, 이런 기준만으로 이들을 극우화 또는 보수화되었다고 단정할 수 없다는 점이다. 지금의 2030 남성들은 정치 성향과 정당 지지 관점에서 스윙보터라고 보는 편이 더 적합하다.[11] 2030 남성들의 다수(20대 남성 중 37%로 1위, 30대 남성 중 59%로 1위)는 2017년에 문재인에게 투표했다가 지지를 철회했고,[12] 2025년에는 절반이 윤석열 탄핵에 찬성했으며, 스스로 진보(20%)와 중도(30%)라고 생각하는 비율이 50%가 넘는 집단이다. 한국사회에 굳건한 중도가 존재하지 않고, 2030 남성들이 매 선거마다 정당을 정해두기보다는 자신들이 지향하는 가치나 이익 혹은 정권과 각 정파에 대한 평가를 통해 투표해왔다는 점을 고려한다면 2030 남성의 '중도'인 30%는 적어도 스윙보터라고 할 수 있다.

이들의 이념은 아직은 미디어나 정치인들이 정의하는 것보다 더 유연하며 여전히 고정되어 있지 않다. 그렇기에 기성진보 정치세력이 2030 남성들을 설득하고 조직하지도, 불만을 해결하지도 못했다는 문제의식을 가지고 이 사태에 접근해야 한다. 즉 2030 남성이 보수화되었느냐고 물을 것이 아니라, 2030 남성에게 진보 정치세력이 제대로 응답했느냐고 물어야 한다. 그 중심에 2030 남성의 정치적 공간 문제가 있다.

2030 남성에 대한 습관적 프레이밍

이미 기술한 것처럼 2030 남성을 스테레오타입으로 묘사하는 프레임이 공고하게 작동하고 있다. 이에 따르면 2030 남성은 비상계엄 시국에서도 민주당과 이재명 후보를 지지하지 않고 윤석열의 복권을 바라는 '2찍남'으로 분류되었다. 게다가 산업화를 거쳐 민주화의 질곡을 넘어서 '페미니스트 대통령'이 나오는 시대에 페미니즘을 혐오하고, 중국이 부상하는 시기에 중국을 맹목적으로 혐오하는 집단이 되었다. 12·3 이후 여의도에 펼쳐진 '빛의 혁명'에 '응원봉'을 들고 결합하지 않은 청년이다. 2030 남성의 보수화와 극우화를 언급하는 이들은 모두 2030 남성을 '혼찌검' 내거나 '차단' 혹은 '배제'하는 방식으로 정치적 정상화를 도모하려 할 뿐 이들이 왜 그러한 태도에 이르렀는지는 탐구하지 않는다.

최근 10년간 2030 남성들이 주요 이슈로 부각되었지만, 청년세대를 문제삼는 담론은 이전에도 존재했다. 예를 들면 2007년 대선과 2008년 총선 때는 투표율이 낮은 20대를 저격하는 '20대 개새끼론'이 있었다.[13] 20대의 투표율이 낮았기 때문이다. 사실 미국이나 한국이나 민주당 계열의 정당을 찍던 사람들은 자신이 지지하는 정당이 인기가 없거나 후보가 만족스럽지 않을 때 상대 당에게 표를 주기보다 투표를 포기하는 경우가 많고, 앞선 두 번의 선거에서 젊은 유권자는 투표를 포기했다. 그 이후 앞서 언급했듯 미국산 소고기 수입 반대 촛불집회를 통해 결집한 이 20대 청년들(1980년대생)은 민주당과 당시 진보신당(이후 정의당)을 적극적으로 지지하는 세력이 된다.

동일하게 청년세대를 문제삼는 것 같지만, '20대 개새끼론'이 나오던 당시만 하더라도 『그대는 왜 촛불을 끄셨나요』 등 다양한 기획을 통해 광장의 정치와 제도권 정치를 둘러싼 정치적 국면과 사회운동에 대한 성찰적 논의가 이루어졌다. 그때의 흐름과 지금의 '2030 남성 보수화' 담론은 차이가 있다. 현재의 기성세대 진보정치세력과 민주정당을 지지하는 발화자들은 자신들의 정치적 '정당성'을 강하게 확신하며, 충분한 규모의 지지 기반도 형성하고 있다. 그런 가운데 특정 세대의 특정 성별만을 타깃으로 삼아 '훈계'하는 목소리도 더 커졌다.

게다가 정치 고관여층이 소비하는 SNS와 유튜브 채널을 통해 이 메시지가 확산되면서 실제보다 더 큰 '아우라'를 형성하게 되었다.

2030 남성들의 스윙보터로서의 특성을 언급했듯이 이들을 단순히 정당 지지 성향을 포함한 여러 특성만으로 보수라 규정할 수는 없다. 그런데 왜 자꾸 2030 남성에 대해서 보수화의 혐의를 덧씌우려는 시도가 반복되는 것일까?

첫번째는 진보와 보수를 나누는 정확하지 않은 '리트머스 종이' 때문이다. 미국이나 유럽처럼 '정치적으로 깨어 있음 wokeism' 혹은 PCPolitical Correctness주의로 진보와 보수를 나눌 수 있을까? 그렇다면 한국의 원내정당인 민주당이나 조국혁신당은 이념적으로 선명하게 진보주의라고 할 수 있을까? 문재인의 더불어민주당이 진보정당임을 자임하기는 했으나 그 앞과 뒤의 역사와 현안을 볼 때 '중도 보수'를 표방하며 '포괄정당' 전략을 써온 한국의 민주당이나 조국혁신당을 진보라고 정의하기는 어렵다.[14] 예컨대 이들은 차별금지법 입법이나 장애인 이동권 문제 등의 의제에 미온적 태도를 취했다. 차라리 옛 진보신당이 제시했던 평등·생태·평화·연대라는 기준으로 진보와 보수를 구분할 수는 있을 테다. 그러나 2030 남성을 보수라 칭하는 적극적인 민주당 지지자들은 이러한 이념적 관점에서 진보와 보수를 나누지 않으므로 정치 성향에 기반한 평가라고 볼 수 없다. 결국 민주당이나 조국혁신당을 지지하면 진보, 정의당·녹색당·진보당 지지는 좌파, 국민의힘이나 개혁신당 지지는 보수라는 분류만 가능하다.

두번째, 미디어가 강화하는 프레이밍과 SNS의 필터 버블 및 에코 체임버 효과는 유사한 의견만을 반복 청취하게 하여 결과적으로 '종족주의'(혹은 부족주의)를 강화하는 기제로 기능한다.[15] 레거시 미디어든 대안 미디어든 여당과 야당, 남성과 여성 등 미디어가 기계적으로 적용하는 선명한 구도는 중간지대의 가능성을 축소하고, 갈등의 강도를 침소봉대할 위험을 낳는다. 같은 그룹 내의 이견을 분석할 기회도 사라진다. 더 큰 문제는 고정된 프레임이 SNS를 거치며 훨씬 더 양극화된다는 것이다. 특히 성별 구도에 따라 2030 남성 보수는 극우가 되는가 하면, 각 정당 핵심 지지층이 소셜미디어에 이를 퍼나르며 프레임을 굳힌다.

세번째, 성별 정체성에 기반한 동원 기제가 2030 남성에 대한 다면적인 이해를 어렵게 만든다. 예전 한국사회의 주요 균열로 언급되어온 민주/반민주, 노동/자본 구도의 투쟁은 개인의 정체성과는 무관했다. 군사정부 때는 독재체제를 물리치고 민주주의를 수호하느냐의 싸움이었고, 파업과 노사 협상은 계급의 문제였다. 시민의 투쟁에 의해 독재는 무너졌고, 노동자들은 노동운동을 통해 작업장 내부의 민주주의를 조금씩 쟁취했다. 그러나 성별 정체성이 조직화의 기초가 되면 예전의 투쟁 방식으로 갈등을 해결할 수 없다. 2030 '남성'이 문제라고

해서 남성을 무너뜨리거나 무시할 수는 없는 일 아닌가. 결국 상대의 요구를 이해하고 협상해야 하는데, 어떠한 방식으로 대화할지 고민하기보다 공통의 정체성에 의존해 조직화한다면, 협상과 조정을 위한 공간은 사라지고 2030 남성에 대한 오해를 다시 살필 필요성이 약화된다.

정리하자면, 특정 정당이 특정 이념을 정확하게 대표하지 않는 상황에서 진보와 보수가 투표 결과로 임의로 정해지고, 진보진영의 의제는 미디어와 정치 고관여층의 프레이밍과 구별 짓기 속에서 소셜미디어의 종족주의를 거쳐 배제적이고 정파적인 담론으로 재생산되었다. 그사이 2030 '남성'들의 대부분이 보수성을 띤다는 오해로 인해 2024년 말, 2025년 초 광장이라는 진보정치의 공간에서도 이들은 존재하지 않게 됐다.

그 가운데 게임이나 하고, 코인이나 하며, 펨코 같은 온라인 커뮤니티에서 여자 욕이나 하고, 공정 타령만 하며, 2찍이나 하고, 내란 옹호세력을 지지하는 청년이라는 이미지는 견제나 수정 없이 정치 고관여층의 근심거리이자 조롱의 대상이 되었다. 이들을 배제해야 할 정당성 역시 끊임없이 강화되었다.[16]

열전에서 냉전으로, '젠더 전쟁'의 흐름

오히려 좀더 면밀하게 살펴봐야 할 지점은 각 성별 간 정서적 양극화[17]와 행동에서 드러나는 정치적 입장 차이로 서로 접점이 줄어든다는 사실이다. 우선 2030 남성과 여성은 서로에 대해 호의적이지 않다. 전 연령층에서 동 세대 이성에 대한 평균 호감도는 100점 만점에 50점인데 비해 2030 남성의 여성에 대한 호감도는 37.4점, 2030 여성의 남성에 대한 호감도는 38.6점으로 평균보다 훨씬 낮다. 이는 2030 여성과 남성 사이에 상호 신뢰가 부재하고 감정적으로 단절되어 있음을 보여준다. 더 자세히 살펴보면 '보수화된 2030 남성'이라는 스테레오타입을 특정 정치 고관여층이나 미디어가 '창조'했다고 볼 수는 없으며, '젠더 전쟁'의 치열한 논쟁, 온라인 커뮤니티의 특징, 여성과 남성의 상이한 정치적 조직화 방식, 그리고 보수정치세력이 2030 남성을 포섭하려는 전략적 기획 속에서 점차 발전된 것이다.

2017년 문재인 대통령 당선 시기까지 20대 남성들의 주된 정치적 선택은 보수가 아니었다. 유승민(바른정당)과 안철수(국민의당) 후보에 대한 지지가 비교적 높았지만 특별히 도드라지지는 않았다. 문재인의 '페미니스트 대통령' 선언에 대해 일부 남성들이 불만을 표했지만, 이를 자유한국당 홍준표 후보가 대거 흡수했다고 보긴 어렵다. 그보다는 압도적 1위 후보에 대한 견제 심리와 다양한 선택지로 인한 표심 분산 효과가 더 컸다. 2018년 지방선거나 2020년 21대 총선까지도 20대 남성들의 보수화는 주요 쟁점이 아니었다.

그런데 언젠가부터 '이대남'이 부상했다. 이를 이해하기 위해 2010년대 이후 '젠더 전쟁'의 타임라인을 간략하게나마 살펴보자.

'젠더 전쟁'의 10년 역사를 요약하자면, 우선 페미니즘 리부트를 거친 2030 여성들이 온라인 커뮤니티와 오프라인 광장 정치를 오가며 각성되었고, 진보 담론 내부의 일정한 지분을 만들어냈다. 반면 2030 남성들은 디시인사이드, 펨코 등에 온라인 진지를 만들었지만 진보 담론 내부에 개입해 효과를 만드는 정치적 조직화에 성공하지 못했다. 결과적으로 이들을 조직한 건 역차별 담론과 여성가족부 폐지 등을 내세운 이준석 외 일군의 (중도)보수주의자들이었다.

2015년 미투운동과 메갈리아, 2016년 강남역 살인사건, 워마드 등을 지나며 젠더 논쟁은 온라인에서 오프라인으로 확장됐다. 2016년은 박근혜 국정농단 사태와 탄핵의 해였고, 이화여대에서 미래라이프대학 및 정유라 부정입학에 대한 규탄이 거셌다. 같은 해 조남주의 『82년생 김지영』이 출간돼 여성이 생애주기 속에서 경험하기 쉬운 성차별, 성희롱, 성범죄, 경력 단절 등의 문제가 본격적으로 사회 의제로 떠올랐다.

온라인에서는 메갈리아의 극단적 분파인 워마드가 일부 TERF(트랜스 배제적 급진 페미니즘)의 입장을 가지고 공세적 전략을 취하면서 남성 우위였던 온라인 커뮤니티 내 전투에 불을 붙였다. 20대 남성과 여성의 온라인 싸움이 보도되기 시작

그림 1 20대 젠더 전쟁 타임라인

2015 "나는 페미니스트입니다" 해시태그

장동민 여성 비하 발언   메갈리아 탄생   강남역

2016 워마드   82년생 김지영   이화여대 미래라이프대학 사건

2017 양성 징병제 청원   문재인의 '페미니스트 대통령' 선언

2018 미투   페미니즘 리부트와 혜화역 시위

총여학생회 폐지 논란 시작

2019 버닝썬

2020 숙명여대 트랜스젠더 입학 반대 운동

N번방 사건   여가부 폐지 운동   인국공 사태

2021 낙태죄 폐지   윤지선 사건

윤석열 여성가족부 폐지 공약   설거지론-퐁퐁남

2022 신당역 살인사건   '남성혐오'

한 계기다.

2017년 문재인 대통령 당선 이후 온라인 남초 커뮤니티들이 앞장서 양성징병제(여성징병제) 청원을 올리기 시작한다. 저출생으로 인적 자원이 부족해 정신적·신체적으로 현역병 복무를 수행하기 어려운 남성들도 징병되는 상황이고, 군가산점제마저 폐지되었으니 여성들도 동일한 수준의 군복무를 이행해야 한다는 논리였다. 1999년의 군가산점제 논쟁 이후 '군가산점제 복원'이 쟁점으로 남아 있었으나, 이제 여성들도 징병해야 한다는 요구와 함께 헌법상 국방의 의무와 병역법상 군복무 규정의 원칙 차이에 관한 문제가 제기되었다. 국방의 의무가 모두에게 주어졌으나 병역법은 남성에게만 병역 의무를 부과한다는 것이다. 온라인 논쟁은 예전의 '가부장제의 가해자 남성/가부장제의 피해자 여성' 구도에서 점차 '역차별에 대한 공정한 해소' 구도로 옮겨갔다. '여성혐오'라는 단어에 대항하여, 미소지니 이론[18]에서는 성립할 수 없는 '남성혐오'라는 단어가 남초 커뮤니티에 확산되었다.

2018년 이후 안희정, 오거돈, 박원순 등 민주당 정치인들에 대한 성추행 및 성폭력 폭로 운동이 이어졌다. 이는 온라인에서 문제 제기와 폭로가 이루어지면 미디어가 보도하는 형식으로 전개되어 사회 전체에 영향을 미쳤다. 같은 해 '홍대 누드 크로키 수업 도촬 사건' 수사 과정에 대한 문제 제기로 출발해 디지털 성범죄의 심각성을 알리려는 여성 커뮤니티 회원들이 모여 혜화역 시위를 주도하기도 했다. 혜화역 시위는 온라인 커뮤니티의 활동이나 미투운동을 넘어 여성 주체들이 지속적으로 정치로 나서는 구조가 형성되었음을 명확히 드러냈다. 2019~2020년의 버닝썬 사태와 N번방 사건 역시 디지털 성폭력 반대 시위가 확산하는 데 큰 계기가 되었다.

그러한 기류 속에서 백래시와 함께 남초 커뮤니티 내 비아냥조의 비판이 증가했다. 유튜버 '보겸'이 채널에서 구독자에게 하는 인삿말인 '보이루'를 여성혐오 표현으로 지적한 페미니스트 철학자 윤지선의 논문이 논란 속에서 등재 철회되는 일이 발생하기도 했다. 페미니즘의 내부 쟁점에 대한 비판적 논의가 확산되는가 하면, 2018년 일부 페미니스트들의 예멘 난민 수용 반대는 이슬람에 대한 인종주의적인 태도로 비판을 받았고, 숙명여대 트랜스젠더 학생 입학 반대 운동 역시 래디컬 페미니즘에 대한 논란을 일으키며 페미니즘 내부의 차이를 드러냈다.[19] 페미니즘을 보는 남성들의 태도도 훨씬 냉소적으로 변했다. 이런 과정에서 '설거지론'이나 '퐁퐁남' 같은 개념이 펨코 같은 남초 커뮤니티에 등장했다.

2020년대 이후는 젠더 전쟁이 열전에서 냉전으로 전환되어, 남성 커뮤니티의 반페미니즘 정서 역시 투쟁보다는 일상적 짜증과 피로감의 영역으로 옮겨갔다. 산발적인 논란 보도와 커뮤니티 사이의 국지전은 있지만 이제 '젠더 전쟁'을 상징하는 대규모 충돌은 줄어들었다. 남성들은 젠더 감수성을 향상시키기보다는 '주의'하며 '안전'을 확보하는 방식을 택하고, 커뮤니티 안에서 비아냥거리는 수준으로 대응하는 경향을 보였다.

이런 상황이 펼쳐지는 가운데 일베의 노선을 이어받은 세력이 잔존하는 한편, 2018년을 기점으로 폭발적으로 성장한 정치 유튜브 채널의 홍수 속에서 '반페미니즘'을 주요 기조로 삼는 〈신남성연대〉 같은 극우 성향 유튜브 채널도 출연한다. 이들은 정치적으로 문재인 정부에 반대하고 페미니즘에 대한 조롱과 공격을 통해 후원을 확보했으며, 서부지법 사태로까지 행보를 이어나갔다.

젠더 전쟁은 'N개의 페미니즘'이라는 표현이 암시하듯, 페미니즘의 확대와 분화를 보여주는 한편, 정치적 조직화 및 광장 정치 경험이라는 차원에서 진보 담론 내에서 정치적 주체로 2030 여성들이 자리잡아간 양상을 드러내기도 한다. 이 국면에서 남성들은 온라인 커뮤니티에서 양성징병제 청원을 올리거나 학내에서 총여학생회 폐지 논쟁을 일으키는 참여 수준을 넘어서지 못한다.

사실 민주당을 비롯한 진보세력과 정치인들 역시 혜화역 시위를 비롯해 다양한 페미니즘 집회에 참여하기는 해도, 진보적 태도를 관성적으로 표명할 뿐 각 이슈를 진지하게 풀어보려는 노력이 크게 부족했다. 사실 기성 정치인들에게는 청년 정책 자체가 화력을 가진 의제 이상이 되지 못했다. 이 가운데 2030

여성들은 진보 정치세력의 적극적인 지지층을 형성하는 반면, 2030 남성들은 진보정치 자장 바깥의 의제에 관심을 보이며 '아웃사이더'가 되어갔다.

온라인 공간과 정치적 헤게모니의 형성

2030 남성들은 온라인 커뮤니티에서 정치적 흐름이나 세력을 만드는 경험은 해보지 못했다. 간헐적으로 인천공항공사 비정규직 노동자의 정규직 전환에 대해 '공정' 이슈를 제기하거나 온라인에서 전공의 파업을 지지하는 경우는 있었으나, 이에 대한 2030 남성의 고유한 정치적 흐름을 창출하지는 못했다.

펨코나 디시인사이드와 같은 온라인 커뮤니티를 단순히 보수나 극우라고 규정지을 수 없다. 특히 디시인사이드에는 다양한 정치적 관점이 넓게 분산되어 있어 일괄로 의미 있는 비평을 하기 어렵다. 그래서 여기서는 2030 남성들이 두번째로 많이 이용하는 커뮤니티인 펨코를 자세히 살펴보려 한다. 펨코는 민주당에 대한 반감, 반중, 반페미니즘 정서를 공유하면서도 내부에서 지속적이고 역동적으로 논쟁이 이루어지는 커뮤니티이며, 또한 기성 정치권과 장년층, 특히 86세대에 대한 비판과 냉소를 강하게 표출하는 곳으로 정치적 선택은 일관되지 않고 매우 유동적이다. 이를 하나하나 짚어보자.

한국 2030 남성들 사이의 반중 정서는 사실상 한국의 특수한 현상이 아니라 OECD 국가 청년들의 보편적인 정서 중 하나로 보인다. 반중 정서는 민주주의와 인권의 문제, 코로나 팬데믹 사태와 이에 대한 중국의 대응, 국내 정치인의 친중 성향 등에 복합적으로 기인한다.[20] 또한 이들이 가진 반페미니즘 정서는 명확한 투쟁의 대상을 상정한 싸움이기보다는 일상적 피로와 짜증이 누적된 결과다. 이들은 페미니즘을 공기처럼 사회에 스며들었다고 여기며 페미니즘을 싸울 수 없는 대상이자 불편하고 신경쓰이는 존재로 보고 있다.

펨코 이용자들의 정치적 입장은 매우 유동적인데, 이들은 국민의힘과 윤석열 정부를 강하게 비판하는가 하면, 특정 이슈에 따라 홍준표, 이준석 등을 지지하거나, 최근에는 상법개정안 통과를 긍정적으로 평가하며 이재명에게 지지를 보내기도 했다. 즉 자신의 이해관계와 정치적 요구가 명확히 전달되고 소통이 이루어진다고 판단하면 지지 대상은 얼마든지 바뀔 수 있는 것이다.

펨코 내부에서는 기성 정치세력과 장년층(특히 86세대)에 대한 적대감이 강하게 드러난다. 사회학자 구정우에 따르면 펨코는 입장이 양극화되는 쟁점에 관심을 가진다.[21] 이들은 노골적 혐오나 소수자 공격보다는 기득권과의 싸움을 선호하고, 기존 질서에 대한 반감이 주된 정서다. 즉 펨코의 정치적 태도는 매우 불안정하지만, 이들이 가진 불만과 정치적 욕구를 짚어내고 명확한 메시지를 전달할 수 있는 정치세력이 등장한다면 빠르게 결집하여 움직일 가능성이 크다.

이런 차원에서 우파가 2030 남성을 정치적으로 조직화한 사례를 곱씹어보는 것은 의미가 있다. 젠더 전쟁으로 형성된 남성들의 반페미니즘적인 성향, 한한령 이후 중국의 여러 '공정' 사례를 목격하면서 확산된 온라인 반중주의 정서, 그리고 인국공 문제, 부동산 폭등, 조국 사태, 광역 단체장 세 명의 성폭력 폭로 및 낙마 등의 국면에서 우파는 2030 남성 조직화에 성공한다. 2021년 서울시장 재보궐선거와 이어지는 2022년 대선 국면에서 국민의힘 당대표가 된 이준석은 자칭 세대결합론(타칭 세대포위론)을 내세운다. 이는 2030 남성들과 60대 이상 노년층이 나머지 민주당 지지자를 포위하면 대선에서 이길 수 있다는 전략이다. 국민의힘은 여성가족부 폐지, 병사 월급 200만 원 정책을 통해 윤석열 후보의 지지율을 높이는 전략을 세웠고, 세대포위론은 대선까지 일정한 효과를 거두었다. 물론 2022년 대선에서는 이재명 후보가 30~40%대 지지를 얻어 2021년 서울시장 재보궐선거 때 더불어민주당 후보가 20~30%대 지지를 얻은 것[22]과 비교해 2030 남성층의 지지를 다소 회복했으나, 세대포위론은 보수정당이 전통적으로 민주당 계열이나 진보정당을 지지해온 2030 남성을 이탈시켜 포섭할 수 있다는 가능성을 보여주었다. 반페미니즘과 반중주의의 정서를 공유하는 펨코를 비롯한 온라인 커뮤니티는 그렇게 2030 남성 사이에 국민의힘 지지 세력을 확산시키는 채널이 되었다.

우파는 2021년 서울시장 재보궐선거부터 2022년 대선까지 이준석의 세대포위론을 통해 2030 남성 표심을 공략했으나 이후 22대 총선에서 그들은 다시 정치적 유동성을 나타냈다. 즉 2030 남성이 우파의 적극적 지지층으로 영구히 포섭되었다고 보기는 어렵다는 것이다. 2025년 대선에서도 스윙보터의 역할을 해낼 것으로 예측되는데, 그럼에도 민주당과 진보세력은 이들을 포섭하려 하기보다는 배제하는 태도를 유지하고 있는 실정이다.

젠더 전쟁 이후 진보정치 내부에서도 2030 남성들을 조직화하는 데 실패했고, 우파의 전략적 접근도 일시적인 성과에 그쳤다. 현재의 2030 남성들은 정치적 무력감과 함께 자신들의 요구에 제대로 응답할 정치세력을 기다리는 중이다. 이들의 정치적 유동성과 요구를 정확히 이해하고 소통할 수 있는 공간과 방식을 마련하는 것은 앞으로 해결해야 할 중요한 과제다.

세대론이라는 '맥거핀'과 계급·젠더·지역의 소용돌이

세대론은 손쉽게 유행하고 빠르게 소비되지만, 정작 현실의 문제를 제대로 설명하지 못한다. '2030 남성 보수화'를 해석하는 데에도 2030에 해당하는 Z세대(1990년대생)와 이후 2000년대생을 동원하는 것은 크게 도움되지 않는다. 그리고 이미 잘 알려진 것처럼 세대 구분만으로는 젠더·계급·지역이라는 사회적 균열을 감지하기 힘들다.

10년 전쯤부터 등장한 '90년대생'론과 'MZ세대론'등은 디지털 네이티브라는 특징 정도를 제외하면 1990년대부터 유행한 '신세대론'의 답습이다. 한국적 조직문화에 적응하기보다 그것에서 이탈하고, 기성세대를 존중하기보다는 그들에게 반발하고, 개인주의가 도를 지나쳐 원자화되어 있다는 분석 말이다. 이러한 구도에서 1990년대생과 Z세대가 86세대나 신세대에 대한 반감을 갖고 있고, 부모 세대의 정치적 지향을 따르지 않는 현상을 지적하는 것은 그 자체로 특별한 통찰을 제공하지 못한다. 디지털 네이티브라는 특성이 온라인의 중요성을 높인 것은 분명하나, 청년기에 처음 PC통신과 인터넷을 접했던 1960~1980년대생 역시 온라인의 소통 양식을 공유한다. 일상생활과 얼마나 밀접한지, 그 정도의 차이만 있을 뿐이다.

게다가 한국 현대사에서 가장 강력한 세대론인 86세대론은 '8'(80년대에 대학에 입학했다는 의미)에 해당하는 대학생을 특권

화한다. 1960년대생 중 대학에 진학한 비율은 약 20%에 불과한데도, 이들을 '전대협' 세대라고 말한다면 공업고등학교를 나와 중공업 공장에 갔던 동년배 남성과 집에서 대학 진학에 반대하는 부모님의 영향으로 회사 경리로 취직했던 여성과, 자영업을 했던 사람들의 경험과 인식 전환을 배제하게 된다. 노동운동을 통해 민주주의를 경험할 수도, 거리의 시위대에게 박카스를 나눠주면서 민주화의 중요성을 인지할 수도 있는 것이다.

이러한 한계를 가진 세대론을 비판적으로 살펴보면서, 2030 세대의 문제 역시 계급·젠더·지역의 현실적 맥락을 교차해 설명할 필요가 있다. 대학 진학률이 70%가 넘는 현실에서 다수가 대졸 이상으로 학력이 큰 변수가 될 수는 없지만, 대학의 위계 서열에서 학벌은 계급이 된다. 수도권에는 R&D 인프라와 대기업 본사, 금융·미디어 기업 등 고부가가치 산업이 집중되어 있는 반면, 중공업 생산직이 몰린 부산·울산·경남을 제외하면 공공부문 외에 비수도권 지역에 양질의 일자리가 거의 없다는 사실은 지역별 노동시장 경험의 지역 격차를 여실히 드러낸다.

지역 소재 대학을 나온 여성의 경우 제조업 정규직 일자리를 얻기 어렵고, 공공부문에 진입하지 못하면 사회서비스 분야 등 저부가가치 일자리에 머물게 된다. 지역·젠더의 측면에서 또하나의 균열이 작동하는 것이다. 이러한 특징은 수도권으로의 이주, 수도권에서의 경쟁 심화, 지방의 남초화, 지역 침체(지방 소멸)를 가속화한다.

'능력주의와 공정' 프레임

또한, 세대론적 비평은 서울 중심, 명문대 중심의 몇몇 담론으로 2030 남성들의 정치적 태도를 규정하는 오류를 범한다. '능력주의와 공정'이라는 프레임이 전형적인 예이다. 진보 담론은 인천공항공사 비정규직의 정규직 전환과 공공의대 증원에 대항한 전공의 파업 사태에서 '능력주의'를 강조하는 이들을 보수적이라고 프레이밍했다.[23] 문제는 2030 남성이 한국사회의 다른 세대, 다른 성별보다 더 능력주의에 집착한다는 사실을 입증하는 마땅한 여론조사 자료가 없다는 것이다. 오히려 천관율과 정한울이 쓴 『20대 남자』에서는 능력주의가 2030 남성뿐만 아니라 한국의 많은 집단이 동의하는 프레임이라고 지적했다.

더구나 이러한 능력주의 논쟁은 아주 국소한 집단의 계급적 이익을 다투는 쟁점으로 보이는데, 한국의 능력주의 논쟁은 주로 '시험 능력주의'를 문제삼기 때문이다.[24] 시험 능력주의는 대학 입시, 국가고시, 표준화된 공채시험(예: GSAT) 등 시험에서 좋은 성적을 내면 노동시장 내에서 고소득, 직업 안정성, 사회적 지위를 얻을 수 있다는 믿음이며, 이를 사회가 보장해왔기 때문에 실제로 실현되고 작동되는 이데올로기이다. 그러나 한국사회에서 대기업 공채와 국가고시(교원, 공무원, 공기업 등)를 통해 진입할 수 있는 '선망 직장'은 10~15% 수준이다. 이는 수출 대기업이 급속히 팽창하던 1980~1990년대를 제외하면 늘 비슷했다. 상위권 대학(서울 소재 4년제 대학, 카이스트 외 광역 단위 과학기술원, 거점 국립대 등) 정원을 모두 합치면 전체의 20~30% 수준이므로 이들이 2대 1의 경쟁을 하고 있는 셈이다. 그 외 나머지 일자리는 별도의 시험이 아닌 자격증이나 학력 등 일정한 자격 수준을 갖추면 간단한 채용 절차만 거치거나 알음알음 구할 수 있는 경우가 많다.

인국공 사태나 전공의 파업 과정에서 의제를 띄운 이들은 '선망 직장'의 일자리를 구하려던 '상위권 대학 출신' 청년이나 '대학 입시 최상위권'의 의대생들이었다. 이들의 불공정에 관한 문제 제기에 2030 세대가 보편적으로 동의했지만, 2030 세대의 다수는 '수혜자'이기보다는 '무관한 자'거나 '피해자'일 확률이 컸다. 애초에 시험을 봐서 갈 수 있는 일자리에 지원하지 않고, 적정한 임금과 안정적인 일자리를 기대하는 지역의 청년들은 이 문제를 덜 중요하게 인식했다.

그런데 왜 청년세대 중 적지 않은 숫자가 앞서 말한 두 가지 의제에 동조했을까? 이것은 "기회는 평등하고, 과정은 공정하며, 결과는 정의로울 것"이라 했던 문재인 정부의 선언과 집권

엘리트들이 실제로 보여준 모습이 모순된 데 대한 반감 때문이라고 볼 수 있다. 이러한 반감에 '젠더 전쟁'의 맥락이 포개지면서 군복무가 공정성의 첨예한 쟁점이 되었다. 페미니즘에 대한 2030 남성들의 반감은 단순히 '잠재적 가해자' 프레임에 대한 반감이라기보다는 '동일 선상'에서 기회를 빼앗긴다는 피해의식이 더 크게 작동한 것으로 보인다. 이준석을 비롯한 보수는 '능력주의와 공정'이라는 프레임을 양성징병제 도입과 여성가족부 폐지라는 어젠다로 적극 활용하여 정치화했고, 진보진영은 이러한 프레임을 이데올로기적으로 비판하거나 도덕적·윤리적 방식으로 평가하는 데 그쳤다.

보수의 선동이 2030 남성을 움직인 배경에는 이러한 간극이 숨어 있다. 이제 한국사회에서 2030 남성들이 어떤 현실적 딜레마와 직면해 있는지, 즉 '생계 부양자 경제'라는 현실 속에서 그들이 어떤 모순과 긴장을 겪는지 자세히 살펴볼 것이다.

여전히 '생계 부양자 되기'에서 벗어나지 못한 2030 남성

2025년 현재 2030 남성들은 아버지 세대가 누렸던 생계부양자로서의 권능이 상실된 상황에서 전환기에 걸맞은 새로운 역할 모델을 부여받지 못했고, 스스로 찾지도 못했다. 진보적 대안이 잘 보이지 않을 때, 개별적으로 문제를 해결하기 위해 능력주의에 몰입하며 정치적 조직화에 냉소적이 되거나 무력화될 수도 있고(시장주의적 방향), 혹은 낭만적 서사를 강조하는 가부장적 이데올로기에 취약해지기 일쑤다(보수화 또는 극우화). 이 두 가지 방향성이 한 줄기로 결합할 수도 있다.

남성 생계 부양자 가족 경제 모델은 선진국에서는 1960~1970년대까지, 한국에서는 1990년대까지 보편적인 것이었다. 쉽게 요약해 남편이 한 가정의 경제를 임금노동이나 사업을 통해 책임지고, 아내가 가사와 육아 그리고 가정의 대소사를 집행하는 체제였다. 물론 경제권을 가진 남성에게 발언권이 더 집중되는 경우가 많았으나, 여성이 '내치'의 의사결정 권한을 모두 가지는 경우도 많았다. 물론 1970년대만 해도 생계를 책임지는 여성들이 많았고 한국에서 남성의 소득에 완전히 의존하는 것이 기본이었던 적은 드물지만, 1970년대 이후 중화학공업화로 대표되는 산업화와 강력한 교육열에 힘입은 고학력화 덕분에 대기업의 제조업 생산직 또는 사무직 노동자가 된 남성이 생계를 부양하는 한 가지 모델이 확립되었다. 이것이 유교적 가부장 이데올로기와 맞물려 1990년대까지는 남성이 임금노동을 하고 여성이 가사노동을 하는 것이 일종의 보편적 체제로 작동했던 것이 사실이다.[25]

그러나 이러한 모델은 두 차례에 걸쳐서 붕괴한다. 먼저 1997~1998년 IMF 외환위기를 겪으며 샐러리맨이 더는 종신고용을 보장받지 못하게 되었다. 명예퇴직(희망퇴직)과 정리해

고를 통한 감원으로 인해 직장을 잃은 가장들이 늘어났다. 남성과 여성의 채용 기회 격차와 기혼 여성·유자녀 여성의 경력 단절 문제는 해결되지 않은 채로 사회 전체적으로는 '맞벌이 필수'라는 인식이 상식으로 자리잡았고, 사무직 노동에서 '고용의 유연성'이 확대됐다.

그런 와중에도 남성 생계 부양자 경제는 적어도 산업도시에서는 유지되고 있었다. 수출 대기업에 다니고 노동조합이 보호하는 정규직 노동자들은 IMF 외환위기에도 굳건했다. 특히 포항에서 시작해 울산, 창원, 거제, 광양, 여수로 연결되는 남동임해공업지역의 거대 공장 노동자들은 수도권 사무직이 겪는 노동시장의 변화와 무관하게 정년과 고임금을 모두 보장받았다.

하지만 산업도시의 '산업 가부장제'에 기반을 둔 가족경제 모델도 2010년대 중반을 지나면서 위태로워지는 중이다. 조선업 불황, 미중 분쟁과 한한령 등의 사태 속에서 중화학공업의 생산직 고용이 축소되거나 하청 노동자들을 해고하는 일이 빈번하게 벌어졌다. 이제 우리는 남성 생계 부양자 경제의 마지막 보루가 해체되는 모습을 목도하고 있다.[26]

게다가 전국적 고학력화가 1990년대를 지나며 더 빠르게 전개됐다. 1990년대에 고교 졸업생 절반이 대학으로 향했다면, 2000년대를 지나서는 그 비율이 70%를 넘었다. 2000년대 이전까지는 남학생에게 뒤졌던 여학생의 대학 진학률도

2000년대 중반을 넘어설 무렵 비슷해지더니 현재는 여학생 비율이 남학생을 앞질렀다. 대학을 나오면 화이트칼라나 엔지니어 일자리를 선호하게 되기 때문에, 생산직 일자리가 줄어드는 만큼 생산직을 희망하는 숫자도 줄어들었다.

남성 생계 부양자 경제 및 중산층 생산직 노동자 모델이 급격히 무너지자 전반적으로 액화노동이 늘어났다. 이승윤이 언급하듯 액화노동은 고정적이고 안정된 정규직, 상근직의 일자리 형태가 아닌, 프리랜서, 임시직, 초단기 계약, 플랫폼노동 등으로 유연화·분절화되는 노동 형태를 의미한다. 정부는 특수고용 노동으로까지 고용보험을 확대하고 다양한 형태로 사회보험(4대 보험)을 강화하려 하지만, 노동시장이 그보다 더 빨리 액화하면서 개인들이 불확실성에 노출되고 장기적 생애 계획을 수립하기 어려워졌다. 배달 '라이더'를 비롯하여 쿠팡물류센터 근무 등 다양한 플랫폼노동은 더이상 예외적·일시적인 일자리가 아니라 통상적·보편적인 일자리가 되고 있다.[27]

맞벌이 확산과 여성의 사회 진출, 안정적인 정규직 신화의 해체 등 노동시장이 빠르게 변화했으나, 남성에게 부과된 생계 부양자로서의 전통적 성역할은 그 속도에 비례하여 빠르게 해체되지 못했다. 결혼은 여전히 이전처럼 예식부터 많은 비용을 지출할 수밖에 없는 구조다. 여기에 아이를 낳으면 출산, 육아 비용에다 막대한 사교육비를 지출해야 한다. 이렇듯 경제 상황과 인식 변화의 속도가 크게 어긋나다보니, 2030 남성 개개인은 아버지와 기성세대를 보면서 가장 역할을 해야 한다는 기대와 부담을 짊어지기도 하고 스스로 경험하는 생애주기의 각 단계에서 생계 부양자의 역할을 강하게 의식하기도 한다. 여성들이 애초부터 부여받지 못한 가부장적 생계 부양자의 권능을 쟁취하기보다는 적극적으로 경력 단절과 싸우고 가부장적 가족에서 탈출하며 '다시 만난 세계'로 진입하려고 할 때, 남성들은 세상의 변화를 느끼는 동시에 아버지 세대의 가정을 꿈꾸는 딜레마 속에서 스스로 가장 노릇을 할 수 없다는 열패감에 빠지거나 불만을 넘어 분노하는 상황에 놓이게 된 것이다.

물론 불만이 있다고 해서 보수적으로 변하는 것은 아니며, 불만을 사회적 의제로 만들고 이를 진보적 방법으로 해소할 수도 있다. 예컨대 1970~1980년대 청년들은 노동조합을 조직하거나 학생운동에 나서며 수십 년에 걸쳐 진보적인 사회 의제들을 밀어붙였다. 1997년의 수평적 정권교체, 2002년의 노무현 지지 열풍, 2004년 민주노동당의 원내 진출 등은 모두 그러한 사회적 힘으로 달성한 성과였다. 남태령을 넘고 연대를 상상하며 더욱 포용적인 관점을 가지고 정치 무대로 나아가는 여성들을 고려해보면, 2030 남성들 역시 사회에 그들의 불만을 보다 발전적인 방향으로 경청하고 해소할 수 있는 열린 공간이 마련된다면 진보 사회로 나아가는 동력이 될지도 모른다. 미국과 유럽에서도 여성들의 정치참여 덕택에 인구 관점에서 진보가 주류가 되는 중이다.

하지만 2030 남성은 이러한 딜레마 앞에서 진보를 선택하지 않았고, 진보 담론과 진보정치세력 역시 이들의 불만을 인정하거나 정치적 공간 안으로 포섭하는 동력으로 이용하려들지 않았다. 이들에게 말을 건 것은 결국 보수정치 담론과 보수정치세력이었다.

"왜냐고요? 우리에게 응원봉을 주지 않았으니까요"

이제 2030 남성은 페미니스트들과 직접적으로 싸우지 않는다. 〈신남성연대〉나 '유머'(현재는 폐쇄) 같은 우파 유튜버가 온라인과 오프라인을 헤집으며 소위 '어그로'를 끌지만, 대학의 강의 현장과 거리에서는 적극적·전면적 논쟁 또는 전선 자체가 사그라들고 있다. 토론식 강의에서 페미니즘에 대한 의견을 강하게 피력하기도 하지만 논쟁이 되는 경우는 드물고, 대학가에서는 〈에브리타임〉 게시판에서 간헐적으로 논쟁이 벌어질 따름이다. 안전한 온라인 커뮤니티에서 의견을 표명하고, 페미니스트와 논쟁을 해야 할 것 같으면 차라리 '차단'을 선택한다.

이러한 차원에서 보면 2030 세대는 일종의 '노이즈 캔슬링'

을 하고 있다. 관계 맺음에 있어서 스트레스를 감당하지 않으려 애쓰되, 일차적으로는 적당히 넘기고, 역치를 넘어설 듯하면 '차단' 또는 '손절'한다. 적극적인 논쟁 등 도드라지는 행동이 개인의 안전을 위협할 수도 있다는 생각에 오프라인에서 속내를 감추려는 경향이 강화된다.[28]

2030 남성들의 잠정적인 해법은 그저 온라인에 침잠하고 있는 것이다. 2030 여성들도 전반적으로는 유사한 태도를 공유하나, 이들이 '응원봉'을 들고 광장 정치를 전유하는 동안 남성들은 온라인에서의 상호작용 안에 안전하게 머물렀다. 사회 문제에 대한 표출되지 못한 불만은 게임이나 커뮤니티 내 조롱 섞인 토론으로 일부 분출되지만 정치활동으로 나아가는 일은 드물다.

최근 지역에서 만난 한 20대 남성 대학생은 탄핵 찬성 집회에 참여하지 않은 이유를 "우리에게 응원봉을 안 주는데 왜 나오나?"라는 말로 설명하기도 했다. 응원봉은 광장 정치에 참여하는 티켓이라는 상징을 지닌다. 2030 남성들에게 응원봉이 상징하는 바는 두 가지다. 첫째는 정치적 권한을 준다는 점, 둘째는 그곳에 실제로 참여하기 위한 동력으로서의 명확한 의제가 필요하다는 점. 그러나 권한도, 동기를 줄 의제도 없는 상황에서 이들은 소극적인 현상 유지에만 머무른다. 반면 2030 여성들은 앞서 언급한 10년간의 페미니즘 리부트와 2016~2017년 탄핵 집회를 통해 스스로 주체화했다. 그리고

자신들의 의제를 진보 담론과 정치인들의 상식으로 탑재시켜
왔다.

진보정치에서 2030 남성의 자리

2000년대 이전까지 대부분의 집회는 남성이 다수인 노동
자 집회거나 대학생 운동권 집회였다. 여의도는 민주노총 금
속노동자들이 모이는 장소였고, 서울광장과 광화문광장에도
남성 시민들이 다수를 차지했다. 여대가 아닌 이상 각 대학교
의 '민주광장'은 언제나 청년 남성들의 대오로 북적였다. 그런
데 장년층의 집회가 아닌 청년 집회에서 남성들의 모습이 사
라졌다. 사고 실험을 해보자. 2030 남성 10만 명이 광화문광장,
혹은 서울광장에 모였다. 우리는 이들이 어떠한 모습으로 나타
나 어떠한 메시지를 내리라 상상하는가? 그리 긍정적으로 보
이지 않을 텐데, 최근 서부지법 사태나 대학생 탄핵 반대 집회
모습을 투영하는 이도, 이전 일베의 여러 난동을 떠올리며 불쾌
해할 이도 있을 것이다. 부정적인 상은 있지만 긍정적·적극적
역할을 떠올리게 하는 상은 없다.

10년 전쯤 '광장'과 '운동장'을 남성이 독점한다는 문제 제
기가 있었다. 2017년 위례별초등학교의 한 교사는 넓은 운동
장에서 남자 어린이들만 운동하고, 뛰어다니고, 놀고, 전유하

는 경향이 있다며, 이러한 상황에서 여성혐오가 자라는 게 아니겠느냐고 질문을 던졌다.[29] 그런데 이제 역으로 광장과 운동장으로 나오지 않는 2030 남성들의 문제와 맞닥뜨리게 된 것이다.

2024~2025년의 탄핵을 추동했던 광장을 긍정하는 진보정치 담론은 2030 남성들에게 '왜 너희는 광장으로 나오지 않느냐'는 당위적인 요구만을 반복할 뿐, 이들이 광장에 참여할 유인책이나 실질적 의제를 제공하지 못했다. 광장은 본래 개인이 자신을 옥죄던 현실을 벗어나 해방을 경험하는 공간이어야 하지만 현재 적지 않은 2030 남성들은 '다시 만난 세계'에 자기 해방의 공간이 존재하지 않는다고 느낀다. 내란 종식과 윤석열 파면을 제외하면 무엇을 위한 광장인지 명확하지 않고, 자신들이 긍정적으로 수행할 역할이나 상징적 응원봉마저 없으므로 이들의 적극적인 정치적 주체화를 기대하기 어려운 상황이다.

'보수성'의 재해석

'2030 남성의 보수화'라는 주제는 정치적 논쟁을 넘어 사회적으로 많은 숙제를 던진다. 더불어 우리가 '진보'와 '보수'를 가르기 위해서 활용하는 반중, 공정, 페미니즘 등의 리트머스에 대한 재평가를 요구한다.

2030 남성의 중국에 대한 태도는 지정학적 변화와 함께 달라질 수 있다. 현재 중국에 대한 부정적 입장이 인종주의적이라기보다는 중국의 패권주의적 태도를 위험으로 여기는 측면 때문임을 감안하면[30] 지정학적 상황의 변화에 따라 반중국을 정치적인 입장으로 해석할 때 그 기준이 바뀔 수 있다.

페미니즘에 대해서는 '차별'에 대한 2030 남성의 감각을 좀 더 살펴야 한다. 2030 남성들의 다수는 복고적인 가부장제를 칭송하는 것이 아니다. 이들의 일에 대한 성취 인식, 가사노동에 대한 태도, 생계 부양자로서의 책임감, 가족에 대한 생각 모두 기성세대와 판이하게 다르다. 가사와 생계 부양 역할을 분담해야 한다고 보는 한편으로, 직장이 가족과 충분한 시간을 가질 수 있도록 워라밸을 보장해야 한다고 생각한다.

이들은 또한 한국사회에서 개인주의자, 자유주의자인 한편 민주주의자로 교육을 받았기 때문에 그 언어를 모두 갖고 있다. 그에 더해 경쟁사회에서 '시험 능력주의'를 내면화해왔기에 공정과 차별에 대해 예민하고, 역설적으로 여성으로 인해 '역차별'을 받는다며 불만을 갖는 것이다. 특히 공정 담론을 주도하는 상위권 대학 출신 청년들은 여성에 대한 구조적 차별이 존재한다는 문제의식에 공감하지 않는다. 시험을 매개로 하는 경쟁에서 여학생들이 남학생들보다 불리하지 않게 된 것은 이미 수십 년에 걸쳐 누적된 구조적 변화의 결과다. '시험

그림 2 연령별 가정과 워라밸에 대한 인식 차이[31]

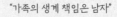

"남자는 무엇보다 일에서 성공해야"

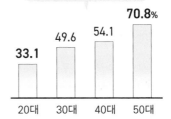

"가족의 생계 책임은 남자"

34.1 39.5 40.0 **52.5%**

20대 30대 40대 50대

33.1 49.6 54.1 **70.8%**

20대 30대 40대 50대

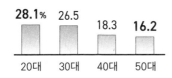

"청소, 집 정리, 빨래 등
집안일 관련 정보를 자주 찾아본다."

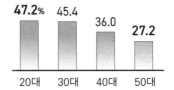

"가족과 충분한 시간
갖지 못하면 이직 고려"

28.1% 26.5 18.3 **16.2**

20대 30대 40대 50대

47.2% 45.4 36.0 27.2

20대 30대 40대 50대

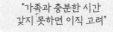

능력주의' 관점에서 이는 정당한 일이지만, 일부 남성들은 군복무로 인해 경쟁의 시작부터 불리하다 느껴 '역차별'이라는 프레임을 설정한다.

진보정치 담론 속에서 기성세대 정치인들의 페미니즘에 대한 옹호나 지지는 지금까지 남성으로서의 기득권을 인정하는 것과 맞물려 있다. 그런데 아직 기득권을 가져본 적이 없다고 생각하는 2030 남성들은 페미니즘의 '차별 해소' 의제에서부터 동의하지 못하는 것이다. 동의 여부와 별개로, 2030 남성들은 같은 세대 여성들과 동등하게 자라 군복무라는 장애물을 맞이하고, 앞으로도 기성세대의 기득권과 권능을 가질 리 없다고 판단하고 있다. 이들에게 성차별을 시정하는 적극적 조치가 '역차별'로 프레임 지어질 수 있음에도, 기성세대 정치인들은 이 논리를 세세하게 검토하기보다는 도덕적 정당성을 설파한다.

물론 2030 남성의 페미니즘에 대한 역차별 프레임은 장기적이고 구조적인 여성 차별의 역사적 맥락과 함께 바라봐야한다. 시험 능력주의에 대한 생각 역시 그 담론을 주도했던 서울 소재 4년제 대학(출신)의 남성들과 노동시장에 진입하기 위한 시험에 응시하지 않는 지역 청년들이 느끼는 감각이 다른데, 그 차이 역시 무시된다. 따라서 종합적으로 능력주의 자체에 대한 이데올로기 비판을 반복하기보다는 구조적인 관점에서 시험과 무관한 삶을 사는 계급, 젠더, 지역을 아우르며 다수 청년들의 목소리를 듣는 것이 더 중요하다. 이러한 교착상태에서 필요한 것은 꾸준한 토론일 텐데, 토론의 공간도 없고 토론의 방식도 합의되지 않은 상태다. 정치가 사회적 자원의 배분을 정하는 게임이라면, 현재는 이들이 참여하는 게임 자체가 없다고 볼 수 있다. 이러한 상황에서 이들의 불참 혹은 비참여를 손쉽게 극우화와 연결할 수는 없다.

정리하자면, 2030 남성들 역시 민주화 이후 선진국 진입 단계를 함께 겪으면서 민주주의 교육을 받은 한국사회의 구성원이다. 보수적 선택이나 진보적 광장 정치에 대한 이들의 미온적인 태도는 온라인 커뮤니티나 SNS를 통한 비뚤어진 사상의 세례로 이뤄진 것이 아니라, 자신들이 봉착해 있는 사회경제적 위기의식(남성 생계 부양자 문제, 액화노동 문제)에 대한 나름의 대응에서 출발한다.

세대포위론 등의 전략으로 이들을 조직화한 보수정치권, 부정선거론과 중국인 개입론 등을 활용해 극우 선동을 이끈 내란 세력에 대한 비판은 중요하지만, 2030 남성들을 싸잡아 거부하는 방식은 효과적이지도 정당하지도 않다. 2030 남성들의 과반이 보수를 지지하지도 않고, 다수가 탄핵에 찬성했으며, 이들의 성향은 여전히 현안에 따라서 유동적이다. 진보 담론과 진보정치가 이들의 불만에 효과적으로 대응하며 정치적 공간을 주는 일에 보수적 정치세력보다 미숙했거나 미흡했을 따름이다.

'2030 남성 보수화'를 검토하면서 파생되는 논의들은 진보와 보수를 떠나 민주주의자의 관점에서 할 수 있는 일, 해야 할 일이 많음을 우리에게 주지시킨다. 그리고 그 일은 극우화된 자녀세대의 잘못된 신념을 바로잡기 위한 계몽주의적 실천이나 꾸짖음이 아니라 아직 잘 모르는 청년들 삶의 맥락을 이해하기 위한 노력이어야 하고, 상호 호혜적인 관계를 어떻게 맺을까에 대한 고민을 동반한 것이어야 한다. 2030 남성들에게 어떤 응원봉을 어떻게 건넬 것인가? 교착상태에 빠진 이슈들에 대해 도덕적 우위에 입각한 훈계보다는 이해당사자로서 참여할 수 있는 정치적 의제를 제시하는 것이 우선이다.

새로운 정치적 공간의 창출을 위해

그렇다면 어떻게 다시금 '보수화된 2030 남성'이라는 프레임에서 벗어나서 2030 세대 내부에서 서로에 대한 이해를 발전시킬 정치적 공간을 창출할 수 있을까? 우선 어떤 사회적 의제가 드러날 때마다 특정 젠더와 세대를 문제의 원흉으로 지목하는 대신 문제와 직면하며 청년들 모두가 참여하는 가운데 합의를 도출해내는 과정이 절실하다.

앞서 언급했던 양성평등복무제와 연금개혁을 예로 들어볼 수 있을 것이다. 저출생 상황에서 병역자원의 고갈은 이미 알려진 쟁점이다. 병무청이 실시하는 징병검사에서 현역 입영 대상으로 판정되는 비율은 2022년 기준 85%를 상회하고,[32] 이에 따라 다양한 문제가 발생하고 있다. 2030년부터는 '50만 대군'이라는 정부의 목표는 달성 불가능해지며, 2040년에 실제 입대 가능 인원이 연간 13만 명 수준이 된다. 현행 병력 규모(35만 명 의무복무 병사)를 유지하기 위해 복무기간 연장이 불가피하지만, 복무기간을 늘릴 경우 앞서 언급한 청년 남성들의 불공정에 대한 문제 제기가 더욱 거세질 것이다. 일부 대선 후보는 '모병제'로의 전환을 공약으로 내세우기도 하지만 부사관 및 장교 등 직업군인 지원율은 계속 떨어지고 있다. 현역을 모두 징병해도 병역자원이 모자란 상태에서 모병제나 모병·징병을 혼합해 병역자원 감소 문제를 해결하겠다는 발상은 논리적으로 모순이다. 게다가 북한과 대치중인 상황에서 병력 감축에 대해 합의할 수 있을지는 여전히 불투명하다.

이 지점에서 양성평등복무제 논의를 찬찬히 음미해볼 필요가 있다. 젠더 전쟁의 관점이 아니라 단순하게 한쪽 편을 들 수 없는 딜레마를 이해하는 관점에서도 진지하게 검토해야 할 문제다. 요컨대 양성평등복무제는 양성이 공히 병역에 참여하는 것이다. 단, 즉각 전투병 복무를 양성 모든 청년에게 강제하는 것이 아니라 공익근무 등 돌봄이나 사회적 수요가 있는 공공사회서비스에 참여하는 일부터 시작하는 것을 제안한다. 18개월이 기준인 군복무를 양성이 수행하고, 그 기간에 최저임금에 상응하는 수준 이상의 급여를 지급하는 동시에 복무 여건을 개선하며, 복무기간을 국민연금 등 공적연금 기간에 산입하는 방식 등을 검토해볼 수 있다. 남성이 사회복무를 선택할 여지를 키우고, 여성이 일정 수준 현역병 근무를 할 수 있게 한다면 많은 논란을 해결할 수 있을 것이다. 애초 양성평등복무제는 남성들만 제기한 의제가 아니라, 2000년대 후반부터 양현아, 권인숙, 조한혜정 등 학계 여성주의자들의 정책 의제이기도 하다.[33] 2019년 여성정책연구원의 『병역담론의 전환을 위한 기초 연구』에 따르면, "여성도 군대를 가야 한다"라는 질문에 대해 여성들도 53.7%가 동의한 바 있다. 양성평등복무제가 도입된다는 전제에서는 군가산점 논쟁도 사라진다.

물론 양성평등복무제 도입에는 대한민국 군이 양성이 공히 근무할 수 있는 수준까지 조직 내 차별을 시정하고 성폭력을 근절하기 위해 노력해야 한다는 전제가 따른다.[34] 양성평등복무제를 반드시 수용하지 않아도 된다. 여성의 현역병 복무나 사회복무제를 전반적으로 확산하고자 할 때 해결해야 할 문제는 앞서 밝힌 내용보다 훨씬 복잡하다. 그럼에도 불구하고 분명한 사실은 병역 문제가 2030 남성과 국방부 구도를 넘어 청년 이해당사자들과 목소리를 모아 해결해야 하는 상황에 이르렀다는 점이다. 이러한 제도 변화는 단순히 2030 남성의 불만을 풀기 위해서가 아니다. 이 문제가 어느 한쪽 편을 든다고 해결할 수 없는, 즉 한국사회가 대증요법으로 풀 수 없는 복합적 문제가 되었기 때문이다.

연금개혁 문제는 2030 청년과 기성세대의 갈등을 촉발하는 이슈다. 반대로 말하면 2030 청년 모두가 젠더와 상관없이 결집하는 이슈이고, 이 문제를 풀어나가는 과정에서 청년들 공통의 목소리를 조직할 수 있을 것이다. 2025년 3월 국회는 국민연금 개혁안을 통과시켰다. 연기금이 현행 제도(9% 보험료율, 42% 소득대체율)를 유지할 경우 2055~2056년경 고갈된다는 결과가 도출되어 대책을 수립한 것이다. 개정안의 골자는 기존 보험료율을 4%포인트 올리고, 소득대체율을 2%포인트로 올리는 것인데, 성별 상관없이 이 안에 반대하는 청년의 목소리가 높다. 소득대체율 상승 혜택은 은퇴가 얼마 남지 않은 기성세대가 누리고, 증가된 부담은 청년세대가 진다는 입장이다. 애초 윤석열 정부의 개혁안은 보험료율을 세대별로 속도를 달리해 올린다는 차등 인상안이었으나 모든 세대에 일괄 매년 0.5%포인트씩 올리는 방식으로 바뀌었다. 게다가 이승윤의 지적대로 액화노동이 증가한 탓에 국민연금 체제에 편입되지 못하는 시민의 경우 아예 남의 이야기가 된다는 문제까지 존재한다. 청년들 중 많은 이들은 차라리 국민연금 대신 IRP나 개인연금 등 자율 투자를 하겠다며 불신이 팽배한 상황이다.

  사실 문제는 보험료율의 차등 인상 여부나 소득대체율의 상승폭이 아니라, 마지막 개혁이었던 2007년 이후 연기금 문제에 한 번도 손대지 않은 채 18년의 세월을 보냈다는 데 있다. 그리하여 기존의 국민연금 가입자가 아닌 후세대의 국민연금 가입자인 청년들에게 부담과 연기금 고갈이라는 쟁점을 떠넘겼다는 점을 청년들은 정확하게 이해하고 있는 것이다. 정부가 당장 일정 부분 연기금에 재정을 보조하는 방식 등 명확한 해법에 대해 더 많은 논의가 필요하겠으나, 청년이 입법의 정치적 공간 안에서 연대하고 복합적 의제에 힘을 모아 대응하지 않으면 문제를 해결할 수 없다는 사실만큼은 자명하다. 연금은 어느 나라 세대에서도 뇌관인데, 연기금 개혁이 지연된 기간과 '젠더 전쟁'이 펼쳐진 기간이 포개진다는 점은 시사하는 바가 있어 보인다.

마지막 사회경제적 쟁점으로서, 새로운 '가족' 모델을 어떻게 상상하느냐의 문제도 있다. 생계 부양자 역할을 수행하기 어려운 사회구조 속에서 여전히 그래야 한다는 역할 압박과 갈등을 겪고 있는 2030 남성의 불만과 '이생망'(이번 생은 망했어) 정서를 해소해야 한다. 이 문제는 2030 여성의 문제이기도 하다. 이미 현실적으로 남성 생계 부양자와 여성 가사노동자, 그리고 자녀 2명으로 구성된 4인 가구 기준의 핵가족 모델은 한국사회에서 붕괴한 지 오래다. 다수의 청년은 그러한 가족 경제를 떠받치던 정규직 노동시장이 와해되는 세계를 경험하고 있다. 물론 1인 가구, 동반자 가구, 그리고 다양한 형태의 대안 가족 모델이 존재한다. 그럼에도 제도 측면에서 가족관계법과 세법을 포함한 다수의 법률과 복지제도가 '대가족'과 '정상가족'을 기본 단위로 설정하는 관행을 답습하고 있다. 그러한 제도는 예산 부족으로 인한 사회복지 책임을 가족에게 전가하던 산업화 시대의 잔재이기도 하다. 그러므로 가구 단위로 설계된 경제적·사회적 제도들을 개인 단위로 전환하여 생계 부양자 역할 압박을 줄이고, 1인 가구뿐만 아니라 다양한 '가족 되기'를 통해서도 경제적으로 잘살 수 있고 사회적으로도 인정받을 수 있다는 믿음을 청년들에게 주어야 한다. 그러한 기반 위에서라야 젠더 갈등을 풀 수 있다는 점, 이는 어디까지나 청년들의 참여가 보장된 정치적 공간 안에서 논의되어야만 한다는 점을 염두에 두어야 한다.

정치적 공간에 대한 참여와 자신의 의견을 큰 소리로 말할 수 있는 힘은 '연대'의 경험에서 온다. 남태령대첩에서의 연대 경험으로 만들어진 열망이 앞으로 어떻게 2030 남성들에게 새로운 사회를 만들 수 있는 동력을 일으킬 수 있을지 고민해 볼 때다.

보수화된 2030 남성은 없다. 내란 사태 해소 지연과 그 과정에서 발생한 서부지법 사태와 같은 망동을 보며 성급하게 화풀이할 대상을 찾고 그들을 경계하기 위해 과도한 공격을 했을 뿐이다. 그리고 보수적 정치 성향으로 보이는 2030 남성의 불만 표출은 급격한 사회 변동이 던진 문제를 기성세대의 정치가 충실히 풀지 않고 방치한 데서 비롯했다. 그 전선에 2030 청년세대가 놓여 있다.

민주주의사회에서 자란 2030 남성은 사회적·정치적 골칫덩어리가 아니다. 이들을 '잠재적 극우'로 보고 배제하는 정치가 아니라 이들이 직면한 난제에 신중히 접근하며 이들을 민주주의 광장의 주체로서 조직하고 소통하는 정치가 필요하다. 내란 사태가 낳은 공분, 광장의 정치가 만들어낸 열망들은 모두 사회대개혁을 위한 기회의 창을 제공한다. 그 열망을 프레

임 전쟁에 소진하는 것이 아니라 마땅한 곳에서 올바르게 해
소해야 한다.

녹아내리는 노동, 연대가 어려워진 청년들

오늘날 한국 청년세대의 삶의 조건과 그들의 정치의식은 어떻게
형성되고 있을까. 이 장에서 기술 발전과 함께 더욱 세분화하는
노동 형태와 그 불안정성을 '액화노동'이라는 개념으로 살펴보고,
특히 2030 청년 남성에게서 불안정성과 계층 상승 가능성에 대한
비관적 인식이 두드러진다는 분석 결과를 신중하게 해석한다.
이를 통해 불안정노동의 확대가 노동자들의 정체성 형성과
사회적 연대감을 약화시킬 가능성과 이것이 청년세대 내부의
양극화와 결합해 어떤 정치적 지형을 만들어낼 수 있는지 전망한다.

───
이승윤

나는 불안정노동과 사회정책을 연구하는 사람이다.

그 내란의 밤에도 불안정노동시장에 관한 논문을 작성하던

중이었다. 제자들이 모여 있는 SNS 단체방에서 비상계엄 선포

소식을 처음 접했다. 몇몇 제자들은 즉시 국회로 향했는데, 곧이어

발표된 계엄사령부 포고령에는 일체의 정치활동을 금지하며

위반자는 계엄법 제14조에 의해 '처단한다'는 내용이 실렸다.

국회의 계엄 해제안 가결까지 우리는 숨죽이며 역사 후퇴의

순간을 목격했다. 한편, 이후 넉 달 동안 광장의 청년들을 둘러싼

담론이 확대되었다. 청년 여성의 광장 참여와 청년 남성의

극우화가 이분법적으로 논의되고 있었다. 방향을 잃은 듯한 청년

담론을 우려스럽게 살펴보던 중 불안정노동 연구가 민주주의의

불안정성이라는 더 큰 맥락과 교차하는 지점에 대해 경각심을 갖게

되었다. 그렇게 나는 그동안 진행해온 불안정노동 및 청년세대

연구에 이어, 이들의 계층 인식과 계층 이동 가능성에 대한 인식을

함께 분석하기로 마음먹었다.

존재가 의식을 규정한다

"의식이 삶을 규정하는 것이 아니라, 삶이 의식을 규정한다."
마르크스와 엥겔스는 『독일 이데올로기』[1]에서 인간의 의식은 독립적으로 존재하는 것이 아니라 노동과 생산 방식이라는 인간이 살아가는 물질적 조건 속에서 발생한다고 주장했는데, 이는 역사유물론의 핵심 명제이다. 인간의 생각은 그들이 '어떻게' 살아가느냐에 따라 형성되며, 한 사회를 지배하는 생각이나 관념은 어느 날 갑자기 하늘에서 뚝 떨어지는 게 아니라 그 사회의 생산 양식과 계급 관계라는 물질적 토대 위에서 역사적으로 형성된 결과물이다.

최근의 정치적 상황은 연구자로서 청년의 의식과 그들의 존재 조건의 관계에 대해 질문하게 했다. 2024년 12월 3일, 한

녹아내리는 노동, 연대가 어려워진 청년들

국사회는 내란 우두머리의 예고 없는 계엄 선포로 충격에 휩싸였다. 유례없는 이 정치적 위기 속에서 다시 한번 민주주의의 염원이 응축된 공간인 광장이 열렸다. 그날 이후 서울을 비롯한 여러 지역의 광장에는 수만 명의 시민들이 물결처럼 모여들었는데, 특히 가지각색의 개성 있는 응원봉을 든 청년들이 대거 참여했다.

다른 한편, 탄핵 국면에서 청년세대가 주요한 관심 대상으로 소환되어 '진보적 여성 청년, 보수적 남성 청년'이라는 대립 구도를 넘어, 남성 청년이 극우화되고 있다는 등의 다양한 논의와 해석이 쏟아졌다. 광장의 안과 밖을 들여다보면 각기 다른 삶의 궤적과 정치적 의식을 지닌 다양한 모습의 청년들이 공존하며, 그들을 단일한 집단으로 묶을 수 없다는 것이 분명함에도, 청년들을 둘러싼 담론은 저마다의 확신으로 방향성을 잃고 확대되었다. 오늘날 청년세대를 정확하게 이해하기 위해서 청년들의 실존적 삶의 모습과 정치의식에 대한 더욱 실증적인 연구가 필요해 보인다.

그렇다면 오늘날 한국사회의 청년세대는 어떤 삶의 조건 속에 놓여 있는가? 이들은 어떤 노동을 경험하고 있으며, 어떤 불안정성을 일상적으로 감내하고 있는가? 이들의 실존적 조건은 과연 인식과 태도, 그리고 정치참여 양상에 어떤 영향을 미치는가? 본 장에서는 한국 청년을 이해하려는 시도를 바로 여기, '존재가 의식을 규정한다'는 문제의식에서 시작해보고자 한다.

2024년 8월 20대 임금근로자의 43.1%가 비정규직으로 집계되었다. 관련 조사가 시작된 이래 최고치이다.[2] 청년들은 일자리와 안정적인 삶의 기반을 마련하고자 노력하지만, 노동시작이 워낙 빠르게 변화해 현실은 녹록지 않다. 노동시장에 아직 진입하지 않은 청년 비경제활동 인구 가운데 '쉬었음'으로 분류된 청년도 2025년 2월 기준 50만 4,000명으로 코로나 팬데믹 시기를 뛰어넘어 역대 최대치를 기록했다.[3] 청년층 인구가 줄어드는 데 비해 '쉬는' 청년은 오히려 늘어나는 이러한 현상은 청년 고용시장 악화와 함께 구직 포기 및 노동시장 이탈 현상이 가속화하고 있음을 시사한다.

동시에 여러 연구들은 청년세대 내 불평등이 확대되고 있다고 진단한다. 청년세대 모두 유사한 불안정성을 경험한다고 간주하기는 어려운 것이다. 광장에 모여든 청년들의 다채로운 면면 너머에는 계엄 조치를 지지한 이들, 광장에 참여하지 않기로 한 이들, 참여하기를 원했음에도 불구하고 참여하지 '못한' 이들도 존재했다.

이러한 다층적 현실에서 마르크스의 오랜 통찰을 오늘의 광장으로 호출할 때 하나의 근본적 질문이 제기된다. 사회경제적 토대가 의식을 결정한다면, 청년들이 경험하는 불안정한 노동과 삶의 조건은 어떤 모습이며 그 조건 속에서 형성된 청년세대의 의식은 과연 어떤 형태로 나타날 수 있는가? 이는 단지 철학적 물음에 그치지 않는다. 현재의 정치적 현실과 청년 세대의 경제적·사회적 위치 간의 연결고리를 이해하기 위해 긴급하게 제기해야 할 질문이다.

녹아내리는 노동과 모호해지는 일의 개념

청년 불안정노동을 논하기에 앞서 일의 형태 변화가 불안정노동과 어떤 연결고리를 갖는지 잠시 살펴볼 필요가 있다. 조선업 하청노동자, 콜센터노동자, 청소노동자, 실업과 취업을 오가는 청년 노동자, 프리랜서, 플랫폼노동자 등 불안정노동자를 집단별로 연구하고 이들을 위한 정책을 고민하다보니, 제도와 정책이 각 집단별로 파편화되는 경향이 있음을 발견했다. 예컨대 특수고용노동자들을 위해서는 근로자성 인정 확대와 사회보험 적용 범위 개선이 논의되고, 하청노동자를 위해서는 원청의 공동책임 강화와 산업안전 규제 강화가 제안되며, 플랫폼노동자를 위해서는 최저수입 보장과 알고리즘 투명성 확보가 필요하다는 식이다. 또한 청년 비정규직을 위해서는 고용 안정성 강화와 직업훈련 기회 확대가, 프리랜서를 위해서는 계약 공정성 확보와 지식재산권 보호가 각각 독립적으로 논의된다. 이처럼 어느 불안정노동 집단을 위해서는 특정 방안이 필요하고, 다른 집단을 위해서는 또다른 방안이 필요하다는 식으로 논의되니 사회정책이 일관성 부족한 누더기 같은 행색이 되고 만다. 불안정노동을 관통하는 핵심이 무엇인지 고민하게 된 바탕이 바로 이것이다. 하청노동, 비정규직, 프리랜서와 플랫폼노동 등을 전부 아우르는 본질적 특성을 포착해야만 사회보장제도를 포함해 법제도 개혁의 방향과 원칙을 수립할 수 있다고 판단했다.

먼저 고찰할 질문은 이것이다. '일'이란 무엇인가, '직업'이란 무엇인가? 우리가 "난 일한다" 또는 "누군가 취직했다"라고 말할 때 머릿속에 떠올리는 개념이 있다. 이 개념을 구성하는 '그것인 것'과 '아닌 것'의 경계가 존재한다. 예를 들어 "난 지금 일하러 간다"라고 말할 때는 일하는 장소와 그렇지 않은 장소의 구분이 있고, "난 지금 일하는 중이다"라고 할 때는 일하는 시간과 쉬는 시간의 구분이 있다. 또한 "누가 나를 고용했어"라고 할 때는 고용주와 피고용인 사이의 구분이 명확하다.

이렇게 우리가 전통적으로 직업과 일을 개념화할 때 구성되던 여러 경계가 현재 모호해지고 형해화된다는 점에 주목해야 한다. 이를 '액화노동'이라는 개념으로 표현하는데, 비단 나의 연구에서만이 아니라 국제적으로도 노동의 형태 변화에 주목하는 시도가 활발하다.[4] 일의 형태가 점점 표준적 고용관계를 넘어서는 상황에서 일을 새롭게 개념화하는 문제는 그 중요성이 날로 커질 수밖에 없다.

액화노동이라는 관점에서 일의 형태 변화와 기존 법제도의 부정합성이 어떻게 불안정노동을 초래하는지 살펴보자. 액화노동이란 우리가 전통적으로 이해해온 노동의 경계가 녹아내려 기존의 법제도로 규정한 노동의 개념이 모호해지는 현상을 의미한다.[5] 표준적인 근로시간은 주 40시간제에 기반해 아침 8시부터 오후 5시 또는 9시부터 6시까지 일하도록 설정되어 있다. 이러한 노동시간의 경계가 무너진다는 것은 무엇을 의미할까? 프리랜서 노동자들의 경우는 특정 일감에 대한 요청이 있을 때 즉각 대응해야 하는 상황에 놓여 있다. 이들은 흔히 "물 들어올 때 미친듯이 일해야 한다"고 한다. 일을 몰아서 하는 형태는 일견 효율적으로 보일 수 있으나 인간의 신체는 그러한 방식에 최적화되어 있지 않다. 우리 몸은 생체리듬에 따라 밤과 낮이 구분되며, 쉼과 일의 균형을 필요로 한다. 몰아서 일하고 몰아서 쉬는 방식은 신체적으로 지속 가능하지 않다. 돌봄 노동도 마찬가지이다. 가정에서 자녀를 돌볼 때 몰아서 돌보고 그사이에 돌보지 않는 방식으로 시간을 배분할 수 없다. 이러한 비정형적 노동에서 집중적으로 일하는 기간(압축적 노동)과 상대적으로 일의 강도가 낮은 기간(비압축적 노동) 사이의 체계적인 균형과 조정이 요구된다.

노동시간의 표준만 변화하는 것이 아니다. 일하는 시간에 대한 전통적 정의도 변화한다. 국제노동기구ILO가 여러 국가의 미세 업무 종사자들을 대상으로 실시한 설문조사에서 흥미로운 결과가 나타났다. 이들이 스스로 정의하는 노동시간의 약 절반은 다음 일감을 찾고 의사소통하는 데 사용하는 시간이었다. 노동자 입장에서는 이 시간도 분명 노동의 일부이지만, 보상은 오직 업무에 투입한 시간에 대해서만 주어진다. 노동시장에서 '생산적 시간'을 노동을 통해 시장 소득을 발생하는 경우에 한정하고, 그 외의 시간을 '비생산적 시간'으로 간주한다면 미세 업무 종사자의 경우 양자의 경계가 흐려진 것이다. 배달 라이더들이 콜을 기다리며 대기하는 시간, 콜을 받기위해 준비하는 시간 등이 모두 이 모호한 영역에 속한다. 이 영역에서 그들의 노동활동은 무시된다.

더욱 주목할 점은 기술 발전과 함께 노동이 더욱 세분화하고 있다는 것이다. 현대의 직업은 프로젝트 단위로, 프로젝트는 다시 작은 프로젝트로, 작은 프로젝트는 업무(태스크)로, 업무는 미세 업무로 계속해서 쪼개진다. 기술 발전으로 고용주, 기업들은 이렇게 쪼개진 업무 가운데 필요한 부분만 추출하여 사용하는 것이 용이해졌다. 이러한 노동의 파편화는 단순히 업무 방식의 변화를 넘어 일하는 사람들의 정체성과 사회적 연대감에도 지대한 영향을 미친다. 과거에는 특정 직장에서 오랜 기간 일하며 형성된 동료의식과 직업정체성이 개인의 삶에 안정감을 제공했다. 그러나 이제 사람들은 일의 형태가 다양화되는 한편 끊임없이 쪼개지는 미세 업무들 사이에서 스스로를 정의해야 하는 실존적 과제에 직면해 있다. "나는 무슨 일을 하는 사람인가?"라는 질문에 단일한 직업명으로 답하기 어려운 시대가 된 것이다.

우리 사회의 안전망과 법제도들은 본래 사회적 재분배, 노동권 보호, 사회권 보호 등의 기능을 하도록 설계되었다. 이러한 제도적 틀에 정합하여 보호받는 이들 너머, 액화된 노동으로 인해 이 보호망 아래로 떨어지는 이들이 증가하고 있다. 이 현상은 중요한 질문을 제기한다. 불안정노동은 생애주기상 일시적 현상인가? 노동시장에서 비정형 일자리에 반복하여 진입, 퇴출하는 경향을 지닌 일부 노동자들에게만 나타나는 유연 노동의 일종인가? 아니면 새로운 계급의 윤곽을 드러내는 구조적 현상인가? 이 질문을 특히 청년세대와 긴밀하게 연결된 맥락 속에서 본격적으로 탐구했다.

프레카리아트와 청년세대

불안정노동자들의 큰 흐름을 따라가다보니, 액화하는 노동시장의 최전선에 청년세대가 있음을 발견했다. 필자는 한국의 청년세대에서 불안정노동의 모습이 어떻게 확대되고 있는지에 대한 실증적 연구를 진행해 이들이 '프레카리아트화' 되고 있다는 해석을 내놓기도 했다.[6] 국제적으로도 청년층은 불안정노동의 주요 집단으로 확인되며, 유럽의 경우 특히 이주민 등 인종적 소수자에게 불안정노동이 집중된다는 연구 결과가 제시되었다.

　청년 노동시장의 불안정성과 청년세대 내 비정규직 확대 등에 주목하여 연구를 진행하던 중, 문재인 정부의 청년정책 조정위원회 활동의 일환으로 다양한 배경을 가진 청년들을 만날 기회가 있었다. 당시는 'N포 세대'나 '헬조선'과 같은 담론이 확산하던 시기였는데, 실제 청년들의 목소리를 직접 듣고 관찰하면서 청년 집단 내부의 상당한 이질성을 발견했다. 예컨대 스타트업 등을 운영하는 청년 경영자들은 인건비 부담을 이유로 주휴수당 폐지를 요구한 반면, 청년 노동자 대표들은 이러한 주장에 강하게 반발하며 우려를 표했다. 이렇듯 청년세대 내에 존재하는 다양한 입장을 보고 들으며 몇 가지 의문이 생겼다. 불안정노동을 중심으로 어떻게 집단화가 이루어지는가? 불안정노동자 집단이 오랜 기간 지속된다는 것은 새로운 계급 형성을 시사하는 징후가 아닐까?

　그럼 불안정노동자라는 개념을 계급 층위에서 더 깊이 살펴보자. 계급론은 전통적으로 노동시장에서의 불평등을 논의할 때 주된 분석틀로 이용되었다. 하층 노동자, 블루칼라, 화이트칼라, 부르주아 등 계급 간 이동성의 제한은 사회적 불평등의 중요한 지표로 간주되었다. 그러나 사회과학 담론에서 계급론의 지위는 점차 약화되었다. 블루칼라 노동계급의 중산층화가 진행되면서 이러한 계급 구분이 현실을 충분히 설명하지 못한다는 문제의식이 커졌기 때문이다.

그러면서 새롭게 등장한 개념이 바로 '프레카리아트precariat'
이다. 이는 불안정함을 의미하는 단어 '프리카리오/프리카리
어스precario/precarious'와 '프롤레타리아트proletariat'의 합성어로,
전통적 계급론으로는 설명하기 어려운 새로운 불안정 계급을
지칭한다.

영국의 경제학자 가이 스탠딩은 『프레카리아트』에서 프레
카리아트를 '위험한 계급'으로 규정한다. 이들이 '위험'한 이유
는 기존 사회구조와 법제도에 대한 불만이 축적되면서 이들이
정치적·사회적으로 급진화될 가능성이 있기 때문이다. 스탠
딩은 급진화가 좌파적으로도 우파적으로도 이루어질 수 있다
고 보았으며, 프레카리아트의 주요 구성원으로 청년층을 주목
했다. 이에 더해, 프레카리아트의 특징은 전통적 노동계급과
다른 불안정한 소득 구조 및 고용 상태, 사회보험 등 사회적 보
호로부터의 배제로 요약되는데, 유럽에서는 특히 투표권이 없
는 이민자들이 프레카리아트의 중요한 부분을 차지한다. 이들
은 정치적 권리, 국가의 보호, 시장 접근성이라는 세 영역에서
모두 구조적으로 배제되기 때문이다.

학계와 대중 담론에서 프레카리아트 개념이 폭넓게 확산되
는 과정에서 프레카리아트를 독립된 새로운 계급으로 보는 관
점과 이들을 프롤레타리아트의 하위 범주로 간주하는 관점이
충돌하기도 했다. 현재는 전통적 프롤레타리아트 계급론을 주
장하는 연구자들은 줄고 불안정노동을 연구하는 집단이 크게

늘어났다. 그럼에도 이에 대한 실증연구는 상대적으로 부족한 실정이다.

　여기서 한 가지 주의할 점이 있다. 불안정노동 개념이 과도하게 확장되는 바람에 일부 담론에서는 고용관계가 상당히 안정적인 정규직 노동자라도 주관적으로 불안정함을 느끼면 불안정노동자로 간주하거나, 고임금의 대기업 직원도 주관적 불안정성에 기반해 '파이어족'이 되는 현상을 불안정노동의 맥락에서 해석하고는 한다. 다시 말해 현대사회의 모든 노동의 고충을 문화적으로 이해하여, 물질적으로 안정적이어도 주관적으로 불안정한 경우 불안정노동으로 확대 해석하는 것이다. 그러나 여기에서 강조하고자 하는 것은 주관적 불안정성보다는 물질적 이해관계를 바탕으로 한 계급화 현상이다. 소득수준, 고용관계의 특성, 사회보장제도 적용 여부 등 객관적 지표는 개인의 경제적 예측 가능성과 노동시장에서의 불안정성에 직접적인 영향을 미친다. 따라서 전통적 계급론의 물질적 이해관계에 기반한 접근을 수용하되, 블루칼라 노동계급 중심의 논의를 넘어 현대적 불안정성에 기반한 계급 형성 과정을 탐구하는 것이 중요하다.

'프레카리아트'라는 새로운 계급의 윤곽

이제 한국의 청년 프레카리아트를 분석한 결과를 살펴볼 것이다. 우선, 불안정노동의 다양한 측면을 실증적으로 분석하기 위해 여러 차원을 포함하는 종합적인 불안정노동 지수를 개발했다. 이 지수는 고용 안정성, 소득 안정성, 사회보험 보장이라는 세 가지 핵심 영역을 종합적으로 측정해 고안한 것이다. 이는 직업을 사무직과 생산직으로 구분하는 전통적 방식을 넘어, 실제 노동자들이 경험하는 물질적 불안정성을 객관적 수치로 파악하고자 하는 시도였다.[7] 분석의 목적은 두 가지 측면에서 수립되었다. 첫째, 20년이라는 장기간에 걸쳐 불안정노동의 패턴이 뚜렷하게 드러나는지 확인하고자 했으며, 둘째, 이러한 패턴이 새로운 사회계층이 형성되고 있다는 증거로 해석될 수 있는지 검토했다. 추가적으로, 원인과 결과의 관계를 통계적으로 분석하는 방법(회귀분석)을 활용하여 어떤 요소들이 불안정노동 상태와 관련이 있는지 살펴보았다. 이는 학력, 성별, 나이, 직업 등과 같은 여러 조건이 불안정노동에 얼마나, 어떤 방식으로 영향을 미치는지 통계적으로 확인하는 과정이라고 볼 수 있다.

분석 결과, 불안정 지수가 가장 높은 집단(지속적 고불안정 유형)과 그다음으로 불안정한 집단을 합하면 그 규모가 전체의 34.4%에 달했다. 이는 20년 동안 지속적으로 불안정성에 노

그림 1 　20년간 청년층이 그린 불안정노동의 궤적

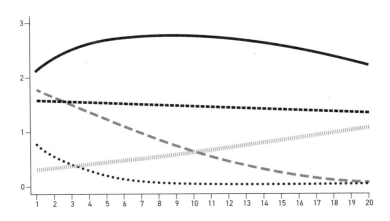

───── 지속적 고불안정
●●●●●● 지속적 불안정
─ ─ ─ 불안정성 증가
ⅢⅢⅢⅢ 안정화
••••• 지속적 저불안정

이 그래프는 시간의 흐름에 따라 불안정노동의 다양한 패턴을 시각화한 결과이다. 가로축은 20년이라는 기간을, 세로축은 불안정 지수를 나타내며, 이 수치가 높을수록 노동조건의 불안정성이 높은 것이다. 해당 연구에서 불안정성을 경험하는 집단을 다섯 가지 유형으로 나누었다. 지속적 고불안정 유형은 매우 높은 불안정 지수가 관찰 기간 내내 지속되는 집단이다. 지속적 불안정 유형은, 매우 불안정한 집단보다는 불안정 지수가 낮긴 하지만 여전히 불안정성이 유지되는 특성을 보인다. 불안정성 증가 유형은 초기에는 낮은 불안정성을 보이다가 점진적으로 증가하는 궤적을 그린다. 안정화 유형은 불안정성이 꾸준히 감소하는 패턴을 그린다. 지속적 저불안정 유형은 전 기간에 걸쳐 불안정성이 부재하고 안정을 유지하는 집단이다.

출된 집단이 상당한 규모로 존재함을 의미한다. 반면, 불안정성이 부재한 안정적 궤적을 보인 집단은 38.3%였다. 나머지는 불안정성이 개선되거나 악화하는 등 변동하는 궤적을 보였다. (9.7%와 17.6%) 주목할 점은 20년 동안 지속적으로 불안정한 상태에 머무르는 집단이 전체의 3분의 1을 넘는다는 사실이다. 이는 불안정노동에 오랜 기간 머무르는 특정 집단이 실질적으로 형성되고 있음을 보여준다. 불안정노동이 일시적 현상이 아니라 불안정노동을 기반으로 한 새로운 계급의 윤곽이 드러나고 있는 것이다. 그러나 이러한 집단이 실제 계급으로서 성립되기 위해서는 물질적 조건의 공유를 넘어 집단적 정체성, 사회정책에 대한 공통된 인식, 정치 성향의 유사성 등을 수반해야 하며, 이에 대한 실증적 검토가 향후 필요해 보인다. 특히 불안정노동자들이 급진적 정치 성향(좌파적이든 우파적이든)이나 재분배 정책에 대한 태도를 공유하는지 분석하는 후속 연구가 요구된다.

이러한 한계에도 불구하고 본 연구를 통해 장기적으로 불안정성이 축적되고 고착되는 청년세대 내 계층적 현실을 실증적으로 확인했다는 점에서 의미가 있으며 노동시장 불평등 계급 이론을 어떻게 재구성할 수 있을지, 그 가능성을 제시한다.

이제 이러한 청년세대의 양극화 양상을 살펴보면서, 불안정노동과 청년세대의 교차, 젠더와의 중첩에서 나타나는 특성과 청년의 인식 구조 등을 추가로 분석해 논의를 확장해나갈 것이다.

청년세대의 양극화와 젠더의 교차

앞서 설명한 불안정노동 지수는 세 가지 차원의 불안정성, 즉 고용·임금·사회보험의 불안정성을 바탕으로 산출했다. 여기서 세 가지 불안정성의 조합에 따라 노동자의 상태를 네 가지로 분류할 수 있는데, 모든 차원에서 불안정한 경우는 '매우 불안정', 두 가지 차원에서 불안정한 경우는 '불안정', 한 가지 차원에서만 불안정한 경우는 '다소 불안정', 그리고 어떤 차원에서도 불안정하지 않은 경우는 '불안정성 부재', 다시 말해 '안정'으로 분류된다.

이러한 분류 체계를 바탕으로, 19~34세 청년층과 35~54세

그림 2 세 가지 차원으로 본 불안정성

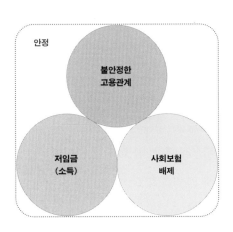

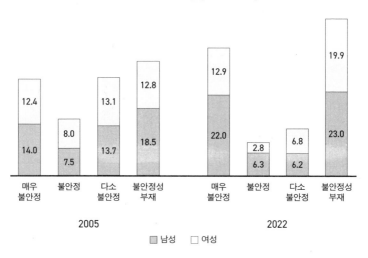

그림 3 청년층 내 불평등 확대 양상

2005

2022

■ 남성 □ 여성

비청년층을 2005년과 2022년 시점에서 횡단적으로 비교해보았다. 흥미롭게도 주요한 생산인구 집단인 35~54세에서는 시간이 지남에 따라 안정 집단이 상당히 확대되어 긍정적인 변화가 관찰되었다. 최근으로 올수록 안정적인 노동 상태의 비율이 증가한 것이다. 이는 한국 노동시장이 전반적으로 개선되는 추세를 보여주는 듯했다.

　그러나 같은 지표로 19~34세 청년층을 분석하자 매우 다른 양상이 나타났다. 〈그림 3〉을 보면 2005년에는 청년과 비청년 집단 간의 불안정성 분포가 큰 차이를 보이지 않는다. 그러나 2022년에 이르면 청년 집단 내에서 극심한 양극화 현상이 관찰된다. 중간 수준의 불안정성(불안정과 다소 불안정)에 해당하는 비율이 감소하고 매우 불안정과 불안정성 부재 양극단의 비율이 모두 증가했는데, 이는 청년세대 내부에서 불평등이 심화되고 있다는 뜻이다.

이러한 발견은 지금까지의 논의를 종합하는 중요한 맥락을 제공한다. 변화하는 노동 형태가 기존 법제도와 맞아떨어지지 않는 까닭에, 다양한 형태의 불안정노동이 확대되는 거시적 추세에서 불안정노동을 중심으로 한 계급화 현상이 실증적으로 관찰되고 있다. 무엇보다 주목할 부분은, 청년세대 내에서 불안정성의 양극화가 뚜렷하게 나타나고 있다는 것이다.

한 단계 더 나아가 불안정노동과 청년세대의 관계에 '젠더' 축을 교차해 분석하자 예상치 못한 결과가 나타났다. 2000년대 초반부터 2020년까지 매우 불안정한 청년 집단의 성별 구성을 분석한 결과, 남성의 비율이 급격히 증가하는 현상이 관찰된 것이다. 2020년에 이르러서는 매우 불안정한 청년 집단 내에서 남성 비율이 70%에 육박하게 되었다. 이러한 남성과 여성의 비율은 시간 흐름에 따라 뚜렷한 교차 패턴을 보였으며, 특히 2015~2016년을 기점으로 그 격차가 더욱 벌어졌다. (〈그림 4〉 '매우 불안정한 집단') 안정 집단에서는 반대 현상이 일어났다. 과거에는 안정 집단 내 남성의 비율이 압도적으로 높았으나, 시간이 지남에 따라 그 비율이 감소하고 여성의 비율이 증가하는 추세를 보였다.(〈그림 4〉 '안정 집단')

불안정성 정도에 따라 분류한 네 집단 내 성비 변화를 보여

그림 4 청년층 내 매우 불안정한 집단 및 안정 집단의 남녀 비율 변화
(2000~2020)

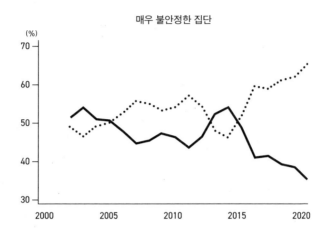

매우 불안정한 집단

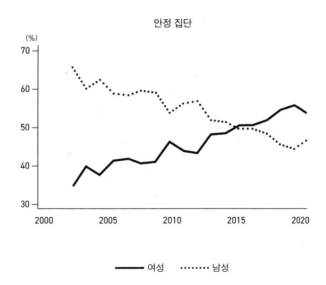

안정 집단

――― 여성   ‧‧‧‧‧‧‧ 남성

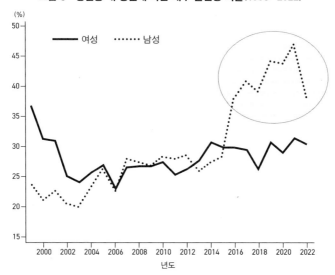

그림 5 청년층 내 성별에 따른 매우 불안정 비율(1998~2022)

주는 이러한 분석에 더해, 각 성별에서 불안정 상태에 있는 청년의 비율은 어느 정도인지 알아보기 위해 다른 각도에서 분석해보았다. 우선, 안정 집단에 속하는 비율을 살펴보면 청년 여성과 남성 두 집단 모두 시간이 지남에 따라 안정 집단의 비율이 증가했으나, 최근으로 올수록 남성의 증가율이 여성의 증가율보다 둔화했다. 현재는 두 성별 모두에서 절반 정도가 안정 집단에 속한다.

충격적인 결과는 매우 불안정 집단의 비율을 성별로 분석했을 때 드러났다. 〈그림 5〉를 보면 청년 여성 중 매우 불안정 상태에 있는 비율은 시간에 따라 빠르게 감소하다가 다소 증가하는 추세를 보였지만, 청년 남성의 경우 2021년에 그 비율이 46.9%까지 상승했다. 이 시기에 청년 남성의 거의 절반이 매우 불안정한 노동 상태에 있었다는 뜻이다. 코로나 팬데믹 기간에 이 비율이 정점을 찍은 것으로 보이며, 이후 다소 감소했지만 여전히 38.24%라는 높은 수준을 유지하고 있다. 청년 여성은 매우 불안정 상태에 있는 비율이 2022년 기준 30.34%로, 청년 남성보다 낮은 수준이었다.

혹시 여성의 비경제활동인구 비율이 높아서 이와 같은 차이가 나타나는 것일까? 그렇지 않았다. 놀랍게도 분석 기간에 청년 남성의 비경제활동인구 비율이 청년 여성보다 오히려 높았다. 청년 남성 중 매우 불안정 상태에 있는 비율이 47%에 이르렀다는 것은 사실상 청년 남성이 두 명 중 한 명 꼴로 매우 불안정한 노동조건에 처해 있다는 뜻이다. 이는 절대적으로도 심각한 수치이고 청년 여성과 비교해서도 상대적으로 높다. 이는 현재 한국 청년 노동시장에서 청년 남성이 경험하고 있는 특수한 상황에 대해 더 깊은 탐구가 필요하며, 이 문제가 한국사회의 다양한 담론과 현상을 이해하는 데 중요한 실마리를 제공할 수 있음을 시사한다.

먼저 고려해볼 것은 전통적으로 남성에게 기대해온 경제활동의 주 부담자 역할이다. 이러한 기대는 여성에게는 차별적 요소로 작용하는 동시에 남성에게는 사회적 규범으로 내면화되어 있을 수 있다. 노동시장에 진입하는 청년 남성들이 높은 비율로 매우 불안정한 상태라는 것은 사회적 기대와 실제 노동 시장 상황의 괴리가 상당히 크다는 것을 시사하며, 이는 청년 남성들의 심리적·사회적 경험에 중요한 영향을 미칠 수 있다.

청년층의 계층 인식과 사회 이동성에 대한 태도

앞서 불안정노동의 계급화 및 청년세대의 양극화 현상을 살펴보았다. 이제 청년들의 주관적 계층 인식과 사회 이동성에 대한 태도를 살펴볼 차례다. 이러한 분석은 객관적 불안정 노동조건과 주관적 인식 사이의 연결고리를 밝히는 데 핵심적이며, 나아가 청년들의 정치의식 형성과 정치참여 양상을 이해하는 데 도움이 될 실증적 근거를 제공한다. 불안정노동의 물질적 조건이 청년들의 주관적 인식체계를 어떻게 구조화하는지, 그리고 이것이 어떤 정치적 결과로 이어지는지 파악하기 위해서는 이러한 매개 과정에 대한 체계적 분석이 필수적이다. 다행히 한국노동패널 자료에 이를 측정할 수 있는 유용한 문항들이 포함되어 있어, 추가적인 실증 분석을 수행하였다.

우선 주관적으로 자신의 계층을 어떻게 인식하는지 측정하는 문항으로 "귀하의 소득, 직업, 교육, 재산 등을 고려했을 때 우리 사회에서 귀하가 어느 정도 사회경제적 지위에 있다고 생각합니까?"라는 질문을 활용했다. 이 질문에 대한 응답은 상층, 중간층, 하층으로 구분하여 분석했다. 19~34세 청년층 전체의 계층 인식 변화를 살펴보면, 2005년에는 33.5%가 자신을 하층이라고 인식했으나, 2022년에는 이 비율이 약 38%로 증가했다. 시간이 지남에 따라 자신을 하층으로 인식하는 청년의 비율이 높아진 것이다. 또한 불안정성 수준에 따른 계층 인식 차이를 보면 2005년에 매우 불안정 집단에서는 44.2%가 자신을 하층으로 인식했고, 2022년에는 이 비율이 약간 감소한 40%로 나타났다. 매우 불안정 집단의 상당수 청년이 여전히 자신을 하층으로 인식하고 있는 것이다. 반면 안정 집단에서는 스스로 중간층으로 인식하는 비율이 높게 나타나, 객관적 노동 상태와 주관적 계층 인식 사이에 일정한 연관성이 있음을 보여주었다. 35~54세 구간에서는 2022년에 이미 51%가 안정 집단에 포함되어 있었으며, 이 집단의 절대다수는 자신을 중간층으로 인식하고 있었다. 연령대별로 불안정성과 계층 인식의 분포에 차이가 있음이 드러나는 대목이다.

현재 자신이 속한 계층에 대한 인식을 넘어, 미래 전망에 대한 태도도 중요한 분석 대상이다. "귀하는 우리 사회에서 누구나 열심히 노력한다면 개인의 사회경제적 지위가 높아질 수 있을 것이라고 생각합니까?"라는 질문을 통해 계층 이동성에 대한 인식과 능력주의 신념을 측정했다. 다시 말해, 개인의 노력으로 삶의 질이 나아질 수 있다고 인식하는지, 아니면 구조적 제약 때문에 노력만으로는 계층 상승이 어렵다고 판단하는지를 살펴보는 것이다. 이 질문에 대한 응답은 '매우 그렇다'와 '그렇다'(1, 2번)와 '그렇지 않다'와 '전혀 그렇지 않다'(3, 4번)로 재분류하여 분석했다.

청년세대 전체의 응답을 살펴보면, 계층 상승이 어렵다고 본 비율은 2005년에 41.7%였다가 2022년에 55.7%로 크게 증가했다. 즉 현재 청년세대의 절반 이상이 개인 노력을 통한 계층 상승 가능성에 비관적이었다. 더욱 주목할 점은 이러한 비관적 태도가 불안정성 수준에 따라 뚜렷한 차이를 보인다는 것이다. 매우 불안정 집단 내에서는 약 3분의 2가 계층 상승이 어렵다고 응답했다. 비관적 응답자 전체로 보면 그들 가운데 43%가 매우 불안정 집단에 속해 있었다. 이는 객관적 노동 불안정성이 주관적 미래 전망과 밀접하게 연관되어 있음을 시사한다.

불안정성 부재를 의미하는 안정 집단에서도 계층 상승이 어렵다고 응답한 경우가 적지 않다. 그러나 이는 다른 맥락에서 해석될 수 있다. 현재 중간층에 위치한 이들에게 계층 상승의 어려움은 더 높은 상층으로의 진입이 제한적이라는 인식을 반영할 수 있으나, 매우 불안정 집단에서의 비관적 전망은 현재의 열악한 상태에서 벗어나기 어렵다는 절망감을 내포할 가능성이 높다.

불안정성과 사회구조에 대한 신뢰의 관계

이러한 분석 결과는 객관적 노동 불안정성, 주관적 계층 인식, 그리고 개인의 노력과 사회구조에 대한 신뢰에 바탕한 미래 전망이 상호 연관되어 있음을 보여준다. 특히 청년세대 내에서 불안정노동의 확대와 함께 계층 상승에 대한 비관적 전망이 증가하고 있다는 점은, 현대 한국사회의 구조적 불평등과 세대 내 양극화, 그리고 사회에 대한 청년들의 생각을 이해하는 데 중요한 실마리를 제공한다. 계층 상승이 어렵다고 인식하는 청년의 비율이 2022년에 전체의 절반이 훌쩍 넘는 비율로 증가한 것은 사회 이동 가능성의 실제 변화와는 별개로, 청년세대 내에서 계층 이동 기회를 얻는 데 구조적 제약이 심해졌다는 인식을 공유하고 있음을 실증적으로 보여준다. 이러한 인식 변화는 한국사회에서 오랫동안 지배적이었던 능력주의적 신념체계에 대해 회의감이 확산되고 있음을 시사한다.

개인의 노력을 통한 계층 상승이 가능한지 여부에 대한 인식은 사회적 연대의 기초가 되는 사회에 대한 신뢰, 정치행위자들의 정치적 정당성에 대한 평가, 세대 간 연대 가능성 등에 영향을 미침으로써 사회적 응집력과 민주주의적 정치참여의 토대를 형성하는 데에 중대한 요소로 작용할 수 있다.

또한 계층 이동에 대한 인식에서 청년층과 비청년층(35~54세) 간에도 주목할 만한 차이점이 발견된다. 계층 상승에 비관적 태도를 보이는 비청년층도 적지 않았지만 이 가운데 매우 불안정 상태에 있는 비율은 15%에 불과했다. 이는 35~54세 연령대에서는 일종의 연령 효과가 작용해, 이미 일정 수준의 경력을 쌓고 노동시장에서 자신의 위치를 확립한 이들에게는 '여기서 더 노력한다고 크게 달라질까?'라는 현실적 판단이 작용하는 것으로 보인다. 그에 비해 이제 막 노동시장에 진입했거나 경력 초기인 청년층에서는 비관적 태도를 보이는 집단(전체 청년의 55.7%) 중 43%가 매우 불안정 상태에 있었다.

사회 전반에서 계층 상승이 어렵다고 응답하는 비율이 증가하고 있지만, 청년층에서 매우 불안정한 노동 경험과 계층 상승 가능성에 대한 비관적 전망 사이의 연결고리가 비청년층보다 더 강하게 나타난다는 점은 중요해 보인다. 세대 경험과 계급적 조건이 교차하는 지점에서 구조적 취약성이 집약적으로 드러나고 있다는 의미이기 때문이다.

청년세대의 계층 인식과 젠더 차이

청년세대가 처한 불안정성 수준과 스스로 느끼는 계층 인식 간의 관계를 분석한 결과, 불안정성이 낮을수록 자신을 상층으로, 불안정성이 높을수록 자신을 하층으로 인식하는 경향이 명확하게 나타났다. 이 관계는 성별에 따라 차이를 보였다.

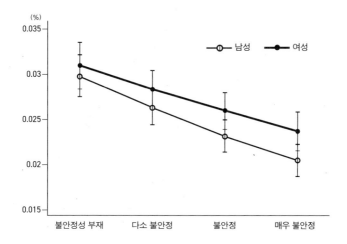

그림 6 한국 청년층의 불안정성 정도와 계층 상승 인식의 관계

세로축의 숫자가 커질 수록 계층 상승이 가능하다고
인식할 확률이 높다는 것을 의미함

　　청년 여성은 동일한 불안정성 수준에서 자신의 계층 위치
를 청년 남성보다 상대적으로 더 높게 평가하는 경향이 있었
다. 불안정성과 계층 인식 간의 상관관계 추이는 여성과 남성
이 유사했으나, 여성은 모든 불안정성 집단에서 상대적으로
더 '관대한' 계층 인식을 보였다. 이러한 성별 차이를 두고 여
러 해석이 가능하다. 여성들의 경우 이미 축적된 불평등을 일
정 부분 내면화하고 감내하도록 하는 '학습 효과'가 작용했을
수 있으며, 청년 남성의 경우 사회적 규범과 기대가 계층 인식
에 더 강하게 영향을 미칠 가능성이 있다. 한국사회의 구조적

젠더 불평등이 주관적 인식에도 복잡한 방식으로 영향을 미치고 있음을 시사하는 결과다.

마지막으로, "노력하면 사회경제적 지위가 높아질 수 있을까?"에 대한 응답에서도 젠더에 따른 중요한 차이가 발견되었다. 전반적으로 불안정성이 높을수록 계층 상승 가능성을 낮게 평가하는 경향은 동일했으나, 청년 남성은 청년 여성보다 계층 상승 가능성을 전반적으로 더 낮게 평가했을 뿐만 아니라 불안정성이 높아질수록 상승 가능성에 대한 인식 확률이 더 가파르게 하락했다. 이는 노동시장에서의 불안정성 경험이 청년 남성의 미래 전망에 청년 여성보다 더 부정적인 영향을 미치고 있음을 시사한다. 실증연구 결과, 청년 남성의 매우 불안정 비율이 코로나 팬데믹 시기 최대 47%까지 상승했고, 이들의 불안정성과 계층 상승 인식 간의 부정적 상관관계가 청년 여성보다 더 강하게 나타난다. 이러한 현상은 한국사회에서 청년 남성이 경험하는 불안정노동의 특수한 맥락과 그것이 미래 전망에 미치는 영향을 이해하는 데 중요한 단서를 제공한다. 이는 '청년 남성 프레카리아트의 부상'이라는 현상에 대한 심층적 이해를 요하는 지점이다.

한 가지 주의할 점은, 본 연구에서의 '안정' 집단이 경제적으로 '매우 잘나가는' 집단을 의미하지는 않는다는 것이다. 불안정성 부재가 반드시 높은 소득이나 안정적 지위를 의미하지는 않으며, '안정' 집단 내부에서도 '더 안정' '매우 안정' 등의 구분이 있을 수 있다. 이 상위 안정 집단에서는 또다른 젠더 격차(예컨대 유리천장)가 존재할 가능성이 있다. 본 연구는 노동시장 하단부에서의 불안정성과 그 영향에 초점을 맞추고 있으며, 이는 유리천장 논의와는 구분되어야 한다.

한국사회에서 오랫동안 유지되어온 능력주의, 학력주의 신념이 흔들리는 점도 주목할 만하다. 계층 상승 가능성을 비관적으로 전망한 청년의 비율이 2005년 41%에서 2022년 약 55% 이상으로 증가했다는 사실은 많은 한국 청년들이 '개인의 노력만으로는 구조적 장벽을 극복하기 어렵다'는 사회에 대한 불신을 갖기 시작했음을 의미한다.

이러한 상황에서 '노력해도 희망이 없다'라는 집단적 체념과 시스템에 대한 불신이 생겨날 수 있다. 체념은 '각자도생'과 같은 개인주의적 태도와 정치적 무관심으로 이어질 수 있는데, 그에 반해 시스템에 대한 불신은 급진적 변화를 추구하는 방향으로 발전할 수도 있다. 이러한 현상은 가이 스탠딩이 언급한 '위험한 계급'의 출현과 연관지어 해석할 수 있으며, 이러한 급진성은 사회적 통합과 정치적 안정성을 흔들 위험이 있다.

지금까지의 논의를 종합해보면, 불안정 상태가 심각해질수록 청년 남성이 더 급격하게 비관적으로 변하는 경향은 한국사회에서 남성이 안정된 일자리와 소득을 확보해야 한다는 사회적 압박이 작용하고 있음을 나타낸다. 이러한 기대와 현실 간의 괴리가 청년 남성에게 더 큰 심리적 부담을 지우는 것이다. 청년 여성의 경우 축적된 불안정노동의 경험과 구조적 차별에 대한 인지로 인해 직업 선택과 사회적 기대 형성 측면에서 이미 성별에 따른 제한을 느끼게 된다. 성별에 따라 상이하게 구성되고 경험되는 불안정성에 대해 논할 때, 교차성의 관점으로 접근하여 어느 한 집단의 불안정성을 간과하거나 단순 비교하지 않도록 주의해야 한다.

이러한 교차성에 대한 이해를 바탕으로 청년세대와 그 내부의 불안정노동 문제, 그리고 이를 통해 형성되는 계급화의 윤곽을 다층적으로 이해할 필요가 있다. 시간에 따른 축적 과정까지 고려하여 다양한 맥락에서 현상을 분석해야만 불안정노동의 확산과 그것이 청년세대에 미치는 영향을 보다 정확하게 파악할 수 있을 것이다.

세계 사례로 본 불안정노동자 계층의 정치참여 양상

현시점에서 중요한 질문은 이러한 교차성과 양극화가 청년들의 정책 선호와 정치적 성향에 어떤 영향을 미칠 것인가이다. 그러나 현재로서는 몇 가지 한계로 인해 명확한 답을 제시하기 어렵다. 우선 정당 선호를 묻는 질문으로 정치적 성향을 파악하는 건 불충분하다. 응답자의 정당 지지가 계급에 기반한 것인지, 상황에 따라 쉽게 변할 수 있는 것인지, 표명된 선

이승윤

호가 실제 선호를 반영하는지에 대한 의문이 존재하기 때문이다. 또한 노동패널 데이터에서 정치적 성향에 관한 질문이 부재하여 실증분석이 제한된다.

다만 기존 이론을 바탕으로 몇 가지 가능성을 고려해볼 수 있다. 전통적인 계급 기반 정치 이론에 따르면, 불안정노동자와 노동자계급은 불평등을 완화하거나 해소하는 재분배 정책을 지지하기에 진보적 정당을 선호하는 경향이 있다. 이러한 경향은 정치제도나 사회구조에 대한 신뢰를 전제로 한다. 즉 불평등을 경험하더라도 현 시스템을 신뢰하면 자신이 지지하는 정당이나 정책이 상황을 개선할 것이라고 믿을 수 있다. 반면 구조에 대한 불신이 심화하면 무당파나 정치 무관심층이 증가할 수 있으며, 특정 이슈나 정책을 중심으로 한 단기적 정치참여가 이루어질 수 있다. 한편으로는 '위험한 계급'을 언급한 가이 스탠딩의 설명처럼 급진적 정치 성향이 발현될 수 있다. 한국에서 이러한 현상이 나타나고 있는지에 대해 몇 가지 단서는 있으나 충분한 실증연구가 이루어지지 않은 상태다.

유럽 역시 2008년 금융위기 이후 청년층 고용이 급격히 악화하여 프레카리아트로 분류되는 불안정노동이 빠르게 확산되었다.[8] 특히 높은 청년실업률과 비정형·단기계약직의 증가, 자영업 형태의 확산으로 인해 '니트NEET, Not in Education, Employment, or Training'의 규모가 상당히 커졌고, 일부 국가에서는 청년층 가운데 니트 비율이 두 자릿수를 기록하기도 했다.

이들은 전통적 사회보장제도로부터 소외된 상태로 불안정한 노동시장에 뛰어드는 경향이 높았다.[9] 결과적으로 유럽에서도 청년 불안정노동이 계층화 양상과 맞물려 구조적 문제로 고착되고 있다.

이러한 불안정노동 경험이 정치의식이나 제도정치에 대한 태도와도 밀접히 연결된다는 점은 여러 연구에서 지적하는 바다. 예컨대 유럽연합 산하기관인 '유럽생활및노동조건개선재단Eurofound'은 불안정노동을 경험하는 청년층이 전통 정당에 대한 지지를 유보하거나, 단발적 이슈 캠페인이나 반체제 운동에 더 적극적으로 동원될 가능성이 높음을 보고했다.[10] 불안정노동자들은 사회적·경제적 위기에 취약하여 재분배 정책이나 복지 확충 등 공적 개입을 선호하는 경향을 보이는 한편, 이러한 요구가 좌절되었을 때 제도정치 전반에 대한 불신을 표출하기도 한다.[11] 특히 스페인 '인디그나도스Indignados' 운동이나 이탈리아 청년들의 플랫폼노동 저항 사례에서 확인되듯이, 불안정노동 청년들은 자신들의 물질적 불안정성을 직접적인 동력으로 삼아 급진적·집합적 행동에 나설 가능성이 있다.[12]

다만, 불안정노동에 처한 모든 청년층이 정치적으로 진보적이거나 체제 변화를 지향하는 태도를 보이는 것은 아니다. 일부 연구에서는 이들이 제도에 대한 환멸감으로 극우 성향을 보이거나 포퓰리즘 정당을 지지하기도 함을 지적한다.[13] 재분배 확대와 사회적 권리를 요구하는 좌파적 흐름과 이민자·다문화 정책에 대한 거부감을 표출하는 우파적 흐름 모두 '제도정치에 대한 불신'이라는 공통된 인식에서 출발하는 것이다. 유럽에서 진행된 연구들은 유럽 청년층이 불안정노동과 낮은 임금, 이동성 제약 등 구조적 한계에 직면할 때 장기적 관점에서 제도정치에 기대기보다는 단기적이고 강렬한 방식으로 정치적 의사를 표출할 가능성이 높다고 진단한다. 이는 기존의 정당정치나 제도권 참여가 아닌 더 직접적이고 감정적으로 표출되는 정치참여 양식을 의미하며, 탈제도적 정치 행동으로 해석될 수 있다.[14]

유럽 사례에서도 보듯이 청년 불안정노동은 어느 한 사회의 특수한 문제가 아니라 노동시장 유연화와 세계화에 대응하는 과정에서 여러 선진국이 공통으로 겪고 있는 현상임이 분명하다. 그리고 이로 인해 청년층의 정치의식이나 참여 양식이 이질적으로 분화되거나 극단화되는 경향 역시 한국과 유럽 모두에서 발견된다. 한국 청년층에서도 제도정치로부터의 거리두기, 정치적 체념, 또는 기존 질서에 대한 강경한 대응 등의 양상이 나타나고는 한다. 이러한 비교연구들은 불안정노동이 확산된 사회일수록 청년층이 제도정치나 공적 시스템에 대한 '양가적 태도'를 갖게 되며, 이는 다시 광장 밖의 소극적 정치와 광장 안의 적극적 정치를 가르는 중요한 배경이 될 수 있음을 시사한다.

미국에서도 2008년 글로벌 금융위기 이후 '긱 노동'을 포함해 비정형 고용의 급증으로 청년층의 불안정노동이 새로운 계급적 갈등 축으로 부상했다.[15] 이른바 '긱 이코노미gig economy'가 확산되면서 전통적 고용계약의 보호를 받지 못하는 '독립계약자'나 무급 인턴·아르바이트 형태, 즉 액화노동 형태로 돈을 버는 청년이 늘어났다. 이들은 정규직 임금노동자에 비해 사회보험 접근성 및 고용 안정성이 떨어지는 상태로 학자금 대출 등 부채 부담까지 안은 채 신자유주의적 경쟁에 내던져져 있다.[16] 일부 연구에서는 이러한 불안정노동이 미국 청년층을 '워킹푸어working poor' 상태로 전락시키는 위험 요인으로 작용한다고 지적한다. 이들은 경제활동에 참여함에도 불구하고 빈곤 상태에서 벗어나지 못하는 구조적 취약성에 노출되며, 이러한 상황은 장기적으로 청년세대의 중산층 진입 가능성을 심각하게 제약하는 요인으로 작용할 수 있다.[17]

이러한 노동시장 구조 변화는 미국 청년층의 정치 성향과 참여 방식에도 영향을 미친다. 예컨대 2011년 '월가를 점령하라Occupy Wall Street' 시위나 2012년부터 본격화된 청년 이민자를 중심으로 형성된 시민권 운동, 2014년 이후의 '흑인의 생명은 중요하다Black Lives Matter' 운동 등에 청년들의 참여가 두드러졌는데, 특히 불안정노동 및 학자금 대출 상환 압박에서 기인한 제도 불신이 집단행동의 동력이 되었다는 분석이 존재한다.[18] 청년층은 기존 정당정치가 자신의 이해관계를 대변하지 못한다고 느낄 때 직접 행동에 나서는 '급진적·집합적 정치참여' 성향을 띨 수 있다는 것이다.

한편, 미국사회에서의 연구 결과는 불안정노동을 경험하는 청년 집단이 단일한 정치적 지향성을 보이지 않는다는 점을 시사한다.[19] 주목할 점은 이들의 정치적 성향이 단순한 이념적 스펙트럼(진보-보수)에 따라 분화되기보다는, 구조적 조건에 대한 해석 방식과 집단적 정체성의 형성 과정에서 복합적으로 분기한다는 사실이다. 일부 연구에 따르면, 국가의 공적 보호 기능이 결핍되었다고 인식하는 불안정노동 청년일수록 오히려 사회경제적 자원을 둘러싼 경쟁 구도에서 이민자·소수자 집단 등 '외부 집단out-group'을 배제하거나 적대시하는 배타적 태도와 극우적 포퓰리즘 담론에 친화성을 보이는 경향이 관찰된다.

이러한 현상은 구조적 불안정성의 심화가 단순히 체제 비판적 의식이나 진보적 정치 성향으로 수렴되지 않고, 오히려 집단 간 대립과 사회적 분절을 강화하는 정치적 양극화로 전개될 수 있음을 보여준다. 즉, 불안정노동 경험이 정치적 불만으로 전환되는 과정에서 정치적 극단화political extremism는 이중적 방향성을 지닌다. 구조적 개혁과 집합적 권리 확장을 지향해나갈 가능성과 배타적 민족주의나 집단 간 적대를 기반으로 한 반제도적 정치운동으로 표출될 가능성이 공존하는 것이다.

결과적으로 미국 사례 역시 청년층이 노동시장의 하층부로 진입하면서 경험하는 물질적 불안정과 그에 따른 제도정치 불신이 맞물려 체념·냉소주의 혹은 극단화된 참여 등 다양한 정치적 태도를 촉발한다는 점에서 유럽과 유사한 경향을 보인다. 디지털 전환과 액화노동의 확산이 가속된 선진 자본주의 국가에서는 청년이 불안정노동에 내몰릴 공산이 크고, 이는 세대 내부의 양극화와 더불어 제도정치에 대한 회의 혹은 급진적 동원을 동시에 촉진하는 구조적 조건으로 작동할 수 있는 것이다.

최근 청년층의 계층 인식과 정치적 성향 간의 관계에 관한 국내 담론 및 연구들에서 청년이 자신을 상층으로 인식할수록 보수화되는 경향이 제시되고 있기는 하지만, 아직 엄밀한 실증연구는 부족하다. 따라서 청년세대의 정치적 성향에 대한 논의는 상당히 조심스럽게 확장해나가야 하며, 단정적 결론을 내리는 것은 시기상조다.

구조에 대한 불신으로 인한 이슈 중심의 정치참여나 정치적 비제도화political deinstitutionalization 현상의 증가에 대해 판단할 때도 마찬가지다. 정치적 비제도화는 포괄적 이데올로기나 정당정치에 대한 신뢰나 충성보다, 특정 이슈를 중심으로 한 일시적이고 강렬한 참여로 표출되는 경향이 있다. 이러한 맥락에서 청년 남성의 구조적 불안정성이 보수적 정서와 필연적으로 연결되고, 청년 여성은 진보적 페미니즘 성향으로 이분화된다는 도식적 가정은 경험적으로 타당성이 부족해 보인다. 이러한 단선적 이분법에 의문을 제기하는 근거는 다층적으로 살펴볼 수 있다.

첫째, 청년 남성층의 불안정성은 최근 들어 급격히 증가한 역동적 현상으로, 청년 여성층은 상대적으로 장기간 구조적 불안정성에 노출되어왔다는 시간적 궤적의 차이가 존재한다. 둘째, 청년세대 내부는 '안정' 집단부터 '매우 불안정' 집단까지 이질적 하위계층으로 분화되어 있으며, 이러한 내부적 계층화는 동시대적으로 심화되고 있다. 따라서 청년세대를 단일한 정치 성향이나 성별 이분법으로 환원하는 접근은 방법론적 한계와 인식론적 오류를 내포한다. 청년 불안정노동의 정치적 함의를 이해하기 위해서는 단순한 성별 결정론이나 세대론적 환원주의를 넘어서는 다차원적 접근법이 필요하다. 즉, 계급, 젠더, 교육, 지역 등 다양한 사회적 위치성이 교차하는 지점에서 발생하는 복합적 정체성 형성 과정에 대한 정교한 분석틀이 요구된다.

불안정노동의 계급화 가능성과 우리의 과제

현대 청년세대의 정치적 성향을 깊게 연구한 노동사회학자 루스 밀크먼도 청년들의 사회운동과 정치참여의 배경으로 불안정노동 경험을 꼽았다.[20] 밀크먼은 카를 만하임의 '세대론'을 토대로 현대 청년세대를 '새로운 정치적 세대'로 규정하면서, 이들이 기존 세대와 구별되는 핵심적 특징으로 불안정한 노동시장 환경을 강조한다. 특히 2008년 경제위기 이후 청년들이 경험한 취업 지연, 소득 불안정, 낮은 고용 안정성 등이 사회운동 및 정치참여에 결정적 동력을 제공했다고 지적하는데, 이는 '청년들이 불안정한 삶의 조건에 놓였을 때 정치적 급진성 혹은 대안적 비전을 모색하게 된다'는 맥락에서, 앞서 언급한 프레카리아트 개념과도 맥을 같이한다.

우선 밀크먼은 청년세대를 '디지털 네이티브'이자 학력은 높지만 안정된 일자리는 확보하기 어려운 집단으로 파악한다. 이로 인해 대학 졸업 후에도 장기간 비정규직, 프리랜서, 불안정 계약직 등을 전전하거나 기존 고용 체계의 보호 밖에서 경력을 이어갈 수밖에 없는 현실에 직면하게 되었다는 것이다. 앞서 설명한 액화노동의 확산과 기존 법제도의 부정합에서 발견되는 불안정성과 유사한데, 그는 이러한 상황을 "높은 기대와 실제 노동시장 기회의 격차가 청년들의 불만을 구조화한다"고 설명하며, 그 결과가 곧 사회운동 참여와 급진적 정치성향으로 이어진다고 분석한다.[21]

밀크먼의 연구에서 특히 더 주목할 만한 점은, 청년세대가 '불안정노동'에 대한 집단적 경험을 정치적 의제로 연결할 뿐만 아니라 그 과정에서 인종, 젠더, 성적 지향 등의 교차성

intersectionality을 핵심적으로 다룬다는 사실이다. 미국 2010년대 초중반에 크게 확산된 이민자 청년 운동(드림액트 운동), 월가점령 시위, 캠퍼스 성폭력 반대 운동, '흑인의 생명은 소중하다' 운동 등은 모두 고등교육을 받은 청년층을 중심으로 조직되었으나, 각각 다른 인종적·젠더적 배경을 결합해 목소리를 결집했다. 밀크먼은 이를 두고 "기존의 계급·정체성 구분을 넘나드는 새로운 연대 모델"이라 칭하며, 불안정노동 경험을 공유한 청년 집단이 어떻게 제도 내부의 개혁 요구와 제도 밖의 급진적 저항을 동시에 실천하는지 보여주는 사례라고 지적했다.

결과적으로 밀크먼의 관점은 오늘날 청년세대가 불안정한 노동과 삶의 조건을 핵심 동인으로 삼아 사회운동과 정치참여를 적극 실천하게 되었음을 구체적으로, 그리고 다소 희망적으로 바라본다. 이는 앞서 본 바와 같이 우리 사회에서 확산되고 있는 불안정노동 현상 및 청년들의 계급적 양극화와도 맞닿아 있으며, 청년세대가 자신의 불안정한 지위를 인식하고 이를 정치적 주체성으로 전환하는 과정을 간접적으로 보여주는 사례로도 해석할 수 있다.

사회구조에 대한 불신이 심화되고 이슈 중심 정치참여가 확대되는 상황에서는 '누가 더 손해를 보고 있는가'를 둘러싼 경쟁, 대립, 갈등을 전략적으로 활용하려는 정치세력이 활성화되기 쉽다. 2021년 청년 남성의 '매우 불안정' 비율이 47%

까지 증가한 해에 이준석 당시 국민의힘 대표가 "남성도 여성에게 역차별당하고 있다"는 발언을 했다는 사실을 이러한 맥락에서 살필 수 있다.[22] 2022년 초 윤석열 당시 대통령 후보의 "여성가족부 폐지"라는 짧은 문구가 4시간 만에 SNS상에서 5,000여 개의 댓글을 이끌어낸 현상도 마찬가지다.

그렇다고 이 현상이 청년 남성 전체의 보수화 내지 극우화를 의미한다고 단정하기는 어렵다. '누가 더 손해를 보고 있는가'라는 경쟁 구도가 특정 전선을 형성하면 그곳으로 표가 집중되기 마련이다. 이는 청년 노동시장의 복잡성과 불안정성 속에서 다양한 '갈라치기'가 가능함을 의미한다. 마치 바싹 마른 산에 불씨 하나가 떨어지면 큰 산불로 번질 수 있듯, 불안정 노동의 조건에 놓인 청년들 사이에서 작은 대립이 빠르게 정치화될 위험이 존재한다. 그러므로 청년세대의 불안정노동과 양극화 현상에 대한 이해를 높이고, 그들의 정치에 대해 심층적으로 탐구하는 작업이 필요한 시점이다. 이를 통해 단순한 이분법적 프레임을 넘어 한국사회의 불안정노동과 계층 문제를 총체적으로 바라보는 접근이 가능해질 것이다.

앞서 살펴보았듯이, 액화노동 확대와 기존 법제도의 부정합으로로 인해 발생하는 물질적 조건의 차이는 청년층 내부의 계층 인식, 사회구조에 대한 신뢰, 정치적 의식 형성에 영향을 미칠 수 있다. 스탠딩의 지적처럼 불안정노동자들은 단일한 정치 지향을 갖기보다는 다양한 스펙트럼으로 분산되는 경향이 있다. 즉 불안정노동의 객관적 상태는 유사하더라도 이를 해석하고 정치적 의미를 부여하는 과정에서 젠더, 교육 수준, 가족 배경 등 여러 요소가 교차하며 상이한 정치적 태도를 형성한다. 실제로 본 연구에서 나타난 청년 남성과 여성 간의 인식 차이는 동일한 '불안정성'이 서로 다르게 경험되고, 그 결과가 상반된 정치 성향이나 정책 선호로 나타날 수 있음을 시사한다.

기존 제도가 '표준적 고용관계'를 전제로 설계되었기에, 불안정노동자로 분류되는 청년들은 이러한 시스템의 사각지대에 놓일 가능성이 크다. 따라서 본 연구 결과에서 확인한 것처럼 불안정노동 청년들이 획일적인 정책 방향에 동의하기보다 개별적 처지와 경험에 근거해 각기 다른 계층 인식과 사회구조 및 제도에 대한 신뢰를 보인다는 점을 고려하여, 액화노동과 청년세대 내 교차성을 종합적으로 고려한 정교한 정책 설계가 필요하다. 그뿐만 아니라 정책 형성 과정에 불안정노동 청년들이 실질적으로 참여할 수 있는 새로운 정치 대표성의 메커니즘이 마련되어야만 청년층 불안정성을 완화하고, 이들의 '정치적 무관심'이나 '정치적 극단화'를 예방할 수 있을 것이다.

한국 청년세대의 불안정노동이 심화할수록 사회구조 전반에 대한 불신이 커진다는 사실도 주요한 결론이다. 불안정 지수가 높은 청년층은 현재 계층 지위에 대한 비관적 전망뿐 아니라 국가의 재분배 정책이나 사회보장제도를 운영하는 제도 권에 대해서도 부정적 태도를 보일 가능성이 높다. 이는 "구조 적 해결책이 내 삶을 실질적으로 개선하지 못할 것"이라는 체 념적 인식으로 이어져 정치적 무관심이나 냉소주의를 강화할 수 있다. 불안정노동 경험이 제도정치권에 대한 강한 불신으 로 연결되어, 오히려 급진적 정치활동이나 극단적 담론에 대 한 지지를 높이는 경로가 열릴 수도 있다. 요컨대 똑같은 '불안 정성'이라도 한편에서는 정치적 무관심이나 분노가, 다른 한 편에서는 정치적으로 급단적인 움직임이 동시에 촉발될 수 있 다는 것이다.

다만 아직 한국 청년의 불안정노동이 극우 또는 급진적 좌 파 같은 특정 정치 성향으로 곧바로 이어진다는 사실이 실증 적으로 확립되지는 않았다. 이 글에서 계속해서 피력했듯이 구조적 불신의 증대가 구체적으로 어느 정치 지형(좌·우)으로 귀결될지는 더 많은 연구가 필요하다. 현재로서는 불안정노동 청년층에서 '구조 불신 → 정치적 무관심' 혹은 '구조 불신 → 과격화'의 두 경로가 모두 관찰되며, 어느 쪽이 우세한가를 단 정하기는 이르다. 이는 향후 장기 추적연구나 미시적·질적 연 구를 통해 면밀히 밝혀야 할 과제이다.

'불안정=위험' 도식을 넘어 사회적 연대로

지금까지 "삶(존재)이 인식을 규정한다"는 마르크스적 통찰을 21세기 한국 청년 노동시장의 맥락에서 재확인해보았다. 나아가 밀크먼의 분석에서 드러나듯, 현재 청년세대의 현실은 적절한 정책적·사회적 대응과 실천이 뒤른다면 오히려 긍정적인 변화의 동력이 될 수 있다. 기회의 불평등을 줄이고, 불안정노동을 완화하며, 청년들이 제도적 정치와 직접 참여 정치 모두에서 실제 영향력을 발휘할 수 있는 장을 마련한다면, 극우나 상호 갈등으로 치닫는 방향이 아니라 새로운 연대와 진취적 운동으로 이어질 가능성 또한 충분하다. 이를 위해서는 다음의 두 가지 방향이 중요하다.

① 청년 노동시장의 구조적 특성과 액화노동을 비롯한 다양한 형태의 불안정성을 정확히 파악하고 이를 반영하는 정책과 제도가 필요하다. 표준적 고용관계를 벗어난 노동 형태를 포괄하고, 사회보장의 사각지대를 최소화하며, 실질적 재분배 효과가 있도록 제도를 보강해야 한다.

② 청년들의 다층적인 목소리가 제대로 대변될 수 있는 제도적 경로를 구축해야 한다. 이는 기성세대 중심의 정책 및 공약 기획을 지양하고, 청년층 당사자의 참여를 제도화하며, 다양한 정치적 실험과 참여 채널을 확장하는 형태로 실현할 수 있다.

결론적으로, 오늘날 한국사회에서 청년세대의 불안정노동 문제를 해소하는 것은 단지 경제와 복지 측면을 개선하는 데 그치지 않는다. 이는 청년세대가 극단적 분열이 아닌 건설적 연대와 정치적 참여로 나아갈 수 있는 구조적 기반을 마련하는 작업이며, 궁극적으로는 사회통합과 민주주의 발전을 위한 핵심 과제다. 따라서 본 연구의 모든 분석은 단순히 '청년 불안정노동＝정치적 위험 요인'이라는 도식에서 멈추지 않고, 한편으로는 '삶과 인식'의 상호작용 속에서 청년 정치가 어떠한 비전과 가능성을 만들어낼 수 있는지 보여주고자 한 시도이다. 앞으로도 다양한 연구와 논의를 통해 청년세대의 다양한 조건을 더욱 입체적으로 이해할 수 있기를, 긍정적인 정치운동이 확산되고 사회적 연대의 지평이 활짝 열리기를 기대한다.

이승윤

녹아내리는 노동, 연대가 어려워진 청년들

1장   한국 민주주의의 위기와 극우 파시즘

1. Anna Lührmann and Staffan I. Lindberg, "A third wave of autocratizationis here: what is new about it?", *Democratization* 26(7), 2019; 1095~1113, 1103.

2. Guillermo A. O'Donnell, "Illusions about Consolidation." *Journal of Democracy* 7(2), 1996: 34~51; Thomas Carothers, "The End of the Transition Paradigm" *Journal of Democracy* 13(1), 2002: 5~21.

3. The V-Dem Dataset. Country-Year: V-Dem Core version 15. https://www.v-dem.net/data/the-v-dem-dataset/ (2025. 4. 5. 접속)

4. The V-Dem Institute, *Democracy Report 2024: Democracy Winning and Losing at the Ballot*: 26~27.

5. John J. Chin, David B. Carter, and Joseph G. Wright, "The Varieties of Coups d'état: Introducing the Colpus Dataset." *International Studies Quarterly*, 65(4), 2021: 1040~51.

6. John Joseph Chin and Joe Wright, "What Is a Self-Coup? South Korea President's Attempt Ended in Failure—a Notable Exception in a Growing Global Trend." *The Conversation*, December 5, 2024.

7. 헌법재판소의 탄핵 심판 선고 직전인 3월 넷째 주의 여론조사 결과를 보면, 한국갤럽 조사에서 탄핵 반대 응답자 비율이 40대 21%, 30대·50대

23%, 20대 28%였던 데 반해 60대는 50%, 70세 이상은 59%에 달해서 청·중년과 노년 간 차이가 뚜렷했다. 네 개 여론조사기관이 공동으로 수행하는 전국지표조사(NBS)도 탄핵 반대 응답자 비율이 20대·30대(26%), 40대(23%)가 매우 적은 데 반해 70세 이상은 65%나 되었다. 한국갤럽, 〈데일리 오피니언〉 제617호 2025년 3월 넷째 주; 『전국지표조사 보고서』 제148호 2025년 3월 넷째 주.

8. 총 25개 청년단체가 결성한 '윤석열물어가는범청년행동'이 탄핵 집회에 참여하지 않았거나 1회만 참여한 19~39세 100명을 대상으로 실시한 심층면접 결과에서 그 같은 내용을 볼 수 있다. 분석 결과의 개요를 다음 기사에서 볼 수 있다. "탄핵 정국 때 광장 밖 청년 100인의 목소리, 의견 달라도 '민주주의 질서는 지켜야'." 경향신문 2025년 5월 7일자. 이 기사에 나오는 QR 코드로 연결되는 인터랙티브 뉴스에서 보다 상세한 내용을 확인할 수 있다.

9. 과거 청년 여성의 높은 촛불집회 참여율에 관해서는 서복경·이현우·이지호, 『탄핵 광장의 안과 밖』(책담, 2017)을 참고. 2030 여성들이 젠더뿐 아니라 노동, 복지, 외교 의제에서도 진보적 성향을 보인다는 조사 결과는 국승민·김다은·김은지·정한울, 『20대 여자』(시사IN북, 2022)를 참고할 것. 이에 관한 인터뷰로 "페미니즘 정치와 계급 정치 연계시킬 토양 존재한다", 신진욱-김은지 인터뷰, 『시사IN』 2022년 4월 21일자.

10. 전누리·신진욱, "한국에서 집단적 항의행동의 확산과 '분쟁사회'의 격화: 집회·시위 참여자의 이념적 양극화와 정치적 당파성, 2013~2022", 『한국사회학』 58(1), 2024: 53~97.

11. "'탄핵 반대' 30%는 누구인가 [시사IN·한국리서치 공동조사]" 『시사IN』, 2025년 2월 14일자. 조사보고서는 시사인-한국리서치, 「2025 유권자 인식 여론조사」. 조사 결과표는 중앙선거여론조사심의위원회 홈페이지에서 다운로드할 수 있다.

12. Eckhard Jesse, "Extremismus", *Handwörterbuch des politischen Systems der Bundesrepublik Deutschland*, edited by U. Andersen et al., Springer, 2021: 279.

13. Wilhelm Heitmeyer, "Der Blick auf die 'Mitte' der Gesellschaft," W. Heitmeyer (ed.), *Das Gewalt-Dilemma*. Suhrkamp, 1994.

14. Christoph Butterwegge, *Rechtsextremismus, Rassismus Und Gewalt - Erklärungsmodelle in der Diskussion*, Primus Verlag, 1996: 27.

15. Cas Mudde, *The Ideology of the Extreme Right*. Manchester University Press,

2000: 11.

16. 이상철, "개신교인의 정치의식: 극우정치와의 관련성을 중심으로"『기독교사상』731, 2019: 26~37; 이상철, "한국개신교는 진정 극우적인가?: '2019년 사회 현안에 대한 개신교인 인식조사'에 대한 기독교 윤리적 비평과 성찰."『신학연구』76, 2020: 7~38.

17. "[시사IN·한국리서치 공동조사] 여론조사로 확인됐다, 극우 유튜브에 갇힌 자들",『시사IN』2025년 2월 25일자.

18. 송현정·김성화·서용성, "혐오 표현의 판단 기준에 관한 비교법적 연구",『사법정책연구원 연구보고서』, 사법정책연구원, 2020: 116. 자세한 내용은 115~136; 또한 지성우, "독일의 혐오표현 관련 규범 및 판례에 대한 헌법적 평가"『성균관법학』31(4), 2019: 407~444. 혐오의 의미와 대책에 관한 포괄적인 논의로 홍성수,『말이 칼이 될 때』(어크로스, 2018)를 볼 것.

19. 박근혜 대통령 탄핵에 대한 헌법재판소의 선고가 내려지기 직전인 2017년 3월 1일에 탄핵 반대 집회 현장에서 실시한 설문조사에 따르면 응답자들의 종편 채널 신뢰도 평균은 5점 척도로 1.30점, 일간신문은 1.48점이었던 데 반해 인터넷(포털, 카페, 블로그 등)은 2.09점, 소셜미디어와 모바일 메신저는 2.77점이었다. 장우영, "정치참여와 사회통합: 태극기 집회 참가자 조사에 의거해서"『선거연구』1(9), 2018: 357~382.

20. 극단주의 정당에 적극적으로 대응해온 독일에서 최근 연방헌법보호청 Bundesamt für Verfassungsschutz은 연방의회 제2정당인 독일을위한대안을 "명백한 극단주의 정치단체"로 규정하여 향후 적잖은 파장이 예상된다. 헌법보호청은 이 정당을 '극우'단체로 규정한 근거로, 이 정당이 △이주자, 난민, 이슬람인 등 특정 사회집단을 동등하게 존엄한 사회구성원으로 간주하지 않으며, △그런 의미에서 자유롭고 민주적인 기본질서에 근본적으로 위반되는 반헌법적 목적을 추구해왔고, △실제로 당 간부들이 특정 사회집단에 대한 편견, 증오, 불안을 확산하고 심화하는 발언을 해왔으며, △당원과 지지자들이 그러한 정치적 목적을 위한 폭력 사용이 정당화될 수 있다고 보아 많은 폭력행위를 해왔다는 점 등을 제시했다. 헌법보호청은 1,100쪽에 달하는 보고서의 일부를 공개했는데, 글로벌 비영리단체 오픈놀로지파운데이션Open Knowlegde Foundation 독일 지부가 운영하는 〈FragDenStaat〉의 2025년 5월 7일자 기사 "Hier sind die ersten Belege zur Verfassungsfeindlichkeit der AfD."에서 그 요약 문서 파일을 다운로드받을 수 있다.

21. 로버트 O. 팩스턴, 『파시즘』, 손명희·최희영 옮김, 교양인, 2024, 인용은 39, 52, 64쪽; 특히 파시즘 발전단계론에 초점을 맞춘 논문은 Robert O. Paxton, "The Five Stages of Fascism" *Journal of Modern History* 70(1), 1998: 1~23.

22. Michael Mann, *Fascists*, Cambridge University Press, 2004: 13~17.

2장   광장이 묻고 청년이 답하다

1. 본 글에서 '광장'은 윤석열 퇴진을 요구하며 사회 변화를 촉구한 공간을 일 컫는데, 주로 서울 수도권에서 개최된 집회에 한정하여 분석되었다는 한계 를 갖는다. 수도권 집회 참여 및 기획에 집중하느라 지역 거점의 집회에 참 여하지 못한 것은 여전히 큰 아쉬움으로 남는다. 향후 지역 광장에 대한 기 록과 연구도 활발하게 이뤄지길 기대한다.

2. 윤퇴청은 2024년 11월 28일 저녁 이태원에서 시국선언문을 발표하고 청년 당사자들이 발언하는 기자회견을 열었다. 참고로 장소는 수많은 청년들이 압사로 목숨을 잃는 이태원참사가 발생한 이태원역 인근으로 정하였고, 이 과정에서 10·29 이태원참사 시민대책위원회의 양해를 구했다. 또한 시간 을 정할 때, 기자회견을 밤에 하느냐며 주변 선배 활동가들과 기자들이 핀 잔을 주기도 했지만, 일과를 마친 청년들이 많이 참여할 수 있도록 저녁시 간을 고집했다.

3. 범청년행동은 "저들이 백골단의 정신을 동원한다면, 우리는 호랑이의 기개 로 응답하겠습니다"는 포부를 밝히며 2025년 1월 13일 출범했다. 12월 7일 과 14일, 청년단체들이 모여 사전 집회를 기획했던 경험이 결집의 계기가 되었다. 범청년행동은 윤석열 파면 촉구와 더불어 광장 안팎의 청년들을 만 나 청년들의 요구와 의제를 모으고 담론화하는 역할을 했다. 범청년행동의 소속 단위는 '계절의목소리, 공적인사적모임, 남성과함께하는페미니즘, 넥 스트네트워크, 니트생활자, 다양성을 향한 지속가능한 움직임 다움, 민달팽 이유니온, 부산청년들, 기후변화청년모임 BigWave, 성북청년시민회, 신촌 문화정치연구그룹, 심오한연구소, 아디주 커뮤니티, 윤석열퇴진을위해행 동하는청년들, 이태원을 기억하는 호박랜턴, 전국대학원생노동조합, 전국 청년정책네트워크, 전진하는 민주주의 VALID, 청년광장, 청년신협추진위 원회, 청년연대은행 토다, 청년오픈플랫폼 Y, 청년유니온, 청년지갑트레이

닝센터, 청년참여연대' 등 25개 청년시민단체(2025년 4월 25일 기준)가 있다. 범청년행동은 비상행동의 소속 단위이자 공동대표 단체이기도 하다.

4. 응답(3순위 누적 기준)에서 '탄핵 완수'(66.6%)와 '국정 안정'(49.8%)이 상대적으로 낮게 나타난 것도 이와 같은 정세를 반영한다고 생각된다. 당시 시민들은 내란 범죄를 일으킨 우두머리 윤석열이 당연히 파면되리라 여겼고, 헌법재판소의 파면 선고가 이토록 지연되어 시민들을 장기간 불안에 떨게 할 것이라고는 미처 예상하지 못했다.

5. 사회대개혁의 구체적인 안은 비상행동 홈페이지(www.bisang1203.net)를 참조하길 바란다.

6. 신진욱, 『그런 세대는 없다』(개마고원, 2022) 제2장 3절에는 청년세대의 경제적 양극화에 대한 다양한 연구와 사례가 소개되어있다.

7. "Beyond the Precariat: Trajectories of Precarious Work and its Determinants in South Korea", International Journal of Social Welfare, 2024.

8. 통계청, 「2025년 3월 고용동향」.

9. 한국행정연구원, "포스트 코로나 시대 새로운 사회전환을 위한 과제 연구" 보고서, 2022.

10. 한편, 윤석열의 석방 이후 농민들은 다시 트랙터를 끌고 서울로 향했고 시민들도 무박 2일간 연대투쟁을 벌였다. 이 과정에서 극우세력의 폭력적인 위협과 경찰들의 트랙터 탈취 사태가 발생했고, 국회의원에게까지 폭력을 행사하는 등 경찰의 강경 대응으로 인해 여러 시민들이 다쳤다. 지속적인 투쟁에 결국 경찰은 탈취한 트랙터를 농민들에게 돌려주었고, 농민들은 시민들과 함께 광화문 일대를 행진했다. 다시 한번, 뜨거운 연대를 통해 시민이 승리했다. 유독 2차 남태령투쟁에서 절절하고 솔직한 자기고백적 발언이 이어진 것은 그만큼 남태령이 광장 참여자들에게 갖는 상징성이 크다는 것을 시사한다.

11. 논바이너리non-binary는 남성과 여성이라는 이분법적인 성별 구분을 넘는 젠더 정체성 또는 성별 범주를 의미하며, 이러한 정체성을 가진 사람들을 지칭할 때도 사용된다. 소개한 대화에서는 '딸'이라는 표현이 여성을 전제로 하는 언어였기 때문에, 이를 들은 청자가 자신의 정체성과 맞지 않음을 지적하며 '논바이너리'라는 대체 표현을 제안했다. 이에 발화자가 그 제안을 수용함으로써, 서로의 정체성을 존중하는 상호 인정의 대화가 가능해졌다.

12. 여러 투쟁 현장 곳곳에 연대하는 시민들을 일컫는 표현으로, 꿀벌을 지키기 위해 분주히 내달리는 '말벌 아저씨' 인터넷 밈에서 유래한 표현이다.

13. 집회 주최측인 비상행동은 상황실 사무국장인 심규협 활동가의 이름으로 후원 계좌를 개설했는데, 집회가 장기화되면서 주최측이 재정난을 겪고 있다는 이야기가 확산되자 시위 참여자들은 SNS를 통해 '우리 오늘 심규협 하자' '커피 말고 심규협이다' 등 밈을 만들어 확산시켰고, 재치 있게 후원을 독려했다.

14. '나중에'는 문재인 전 대통령이 대선 예비후보 시절 남긴 발언으로, 이후 성소수자 인권에 대한 정치권의 미온적 태도를 상징하는 사례로 회자되어 왔다. 문재인 후보는 2017년 서울 중구 페럼타워에서 열린 정책 간담회에서 성평등 공약을 발표하던 중, 인권활동가 곽이경에게 '차별금지법 제정'에 대한 입장을 묻는 질문을 받았다. 이에 대해 문재인은 "나중에 말씀드릴 기회를 드리겠다"고 답했고, 현장 청중들은 '나중에'를 연호하며 질문을 사실상 묵살했다. 이 사건은 진보정당과 인권운동 진영의 강한 비판을 불러일으켰으며, 이후 '나중에'는 소수자 인권을 외면하거나 유예하는 정치적 수사의 대표적 상징어로 남게 되었다.

15. 케빈 올슨, 『불평등과 모욕을 넘어: 낸시 프레이저의 비판적 정의론과 논쟁들』, 이현재·문현아·박건 옮김, 그린비, 2016.

16. 자세한 내용은 경향신문 인터랙티브 페이지를 통해 살펴볼 수 있다. https://www.khan.co.kr/kh_storytelling/2025/100voice/

3장   **2030 남성 프레임 전쟁**

1. "서부지법 난입·폭력 사태 수사 마무리…경찰 '143명 검찰 송치 완료'" 경향신문, 2025년 4월 21일자.

2. 한국갤럽, 〈데일리 오피니언〉, 제617호, 2025년 3월 넷째 주. 1, 2월을 종합한 데이터를 근거로 삼았다.

3. 서한영교, "폭도가 된 남성들의 테러, 오직 평등을 향한 투쟁으로 답해야", 한국일보, 2025년 2월 1일자; "'서부지법 폭동 사태'…2030 남성들이 왜 많았을까[취중생]", 서울신문, 2025년 1월 25일자; "2030 남성은 왜 '서부지법 난동'을 주도했을까", 〈뉴시스〉 2025년 1월 21일자.

4. 유현미·김정환·김이선·장진범·박상은, "광장에서 만난 세계: 윤석열 퇴진 집회 시민발언문 분석", 2025년 비판사회학회 춘계학술대회 〈지역에서 한국 민주주의를 논하다〉, 2025년 4월 18일.

5. 김동춘, 『권력과 사상통제』, 역사공간, 2024.

6. "'탄핵 반대' 30%는 누구인가", 『시사IN』, 910호, 2025년 2월 14일자, https://www.sisain.co.kr/news/articleView.html?idxno=55047; 한국갤럽, 〈데일리 오피니언〉, 제617호, 2025년 3월 넷째 주.

7. "2022대선 성별·연령별 출구조사 결과"〈연합뉴스〉, 2022년 3월 9일자. https://www.yna.co.kr/view/GYH20220309000900044 (2025. 5. 14. 접속)

8. "[파면 직후 꽃-갤럽] 20대男-70대 여론 "휘청"…정권교체-이재명 대폭↑", 〈문화경제〉, 2025년 4월 7일자. https://weekly.cnbnews.com/news/article.html?no=173740 (2025. 4. 10. 접속)

9. 한국갤럽, 〈데일리 오피니언〉, 제618호, 2025년 4월 첫째 주.

10. 미디어 보도는 흔히 아래와 같은 프레임을 취한다. "보수 온라인 커뮤니티-유튜브에 빠진 '2030 남성'… 어쩌다 '법원 습격' 선봉에 섰나", 한국일보, 2025년 1월 22일자; "SNS에서 성장한 2030 "날것 그대로 전하는 유튜브 신뢰" ['광장 나선 2030' 심층분석], 문화일보, 2025년 2월 18일자. 기존 논의는 김학준, 『보통 일베들의 시대』, 오월의봄, 2022; 박가분, 『일베의 사상』, 창비, 2013 참조.

11. 최병천, "[국민논단] 20대 남성, '극우' 아닌 '스윙보터'", 국민일보 2025년 2월 17일자. https://www.kmib.co.kr/article/view.asp?arcid=1739682033

12. 한국갤럽, 〈데일리 오피니언〉, 제258호, 2017년 5월 7~8일.

13. 김용민, "너희에겐 희망이 없다", 『충대신문』, 2009년 6월 8일자.

14. "[대선 인터뷰] 권영국 '민주당은 사실상 보수… 진보정치 역할 커져'", 〈아시아경제〉, 2025년 5월 7일자; "이재명, "민주당은 '중도보수', 국민의힘은 '범죄정당'", 〈국민일보〉, 2025년 2월 19일자. 진보와 보수의 정치적 균열구조의 변화와 민주주의에 대한 논의로 신진욱, "한국에서 민주주의 퇴행과 양극화 균열구조", 『경제와사회』, 2024년 여름호: 140~174 참고.

15. 에이미 추아, 『정치적 부족주의』, 김승진 옮김, 부키, 2020.

16. 20대 남성들 文지지율 하락 원인은 게임? 유시민 발언 논란", 중앙일보, 2018년 12월 25일자. https://www.joongang.co.kr/article/23235530; "유시민 '너희는 쓰레기', 2030 남성들 모이는 SNS 펨코 직격탄…與, '노잼 운동권 중년' 비판", 문화일보, 2023년 9월 26일자. https://www.munhwa.com/article/11386308

17. 정서적 양극화와 관련된 논의는 다음의 논문을 참고할 것. 김기동·이재묵, "한국 유권자의 당파적 정체성과 정서적 양극화", 『한국정치학회보』, 55집

2호, 2021년 여름호: 57~87; 하상응, "정서 양극화와 집단 정체성 인식", 『아세아연구』, 65권 4호, 2022: 37~62.

18. 우에노 지즈코, 『여성혐오를 혐오한다』, 나일등 옮김, 은행나무, 2012.

19. 「트랜스젠더 입학 논쟁, 페미니즘 내부에서도 갈렸다」, 『시사IN』, 2020년 10월 20일자. https://www.sisain.co.kr/news/articleView.html?idxno=43706

20. 미국과 유럽의 반중 정서 관련해서는 퓨리서치의 설문조사 결과를 다룬 다음의 보고서를 참고할 것. Christine Huang, Laura Silver and Laura Clancy, "Americans Remain Critical of China" https://www.pewresearch.org/global/2024/05/01/americans-remain-critical-of-china/; Laura Clancy, "Young Adults in Europe Are Critical of the U.S. and China – but for Different Reasons" https://www.pewresearch.org/global/2023/03/22/young-adults-in-europe-are-critical-of-the-u-s-and-china-but-for-different-reasons/

21. Koo, Jeong-Woo, et al. "The hatred of all against all? Evidence from online community platforms in South Korea." *Plos one*, 19.5, 2024: e0300530.

22. "엇갈린 20대 표심…'남성은 오세훈' '여성은 박영선 '지지'", 한겨레, 2021년 4월 7일자. https://www.hani.co.kr/arti/politics/assembly/990085.html (2025. 5. 14. 접속)

23. 박권일, 『한국의 능력주의』, 이데아, 2021, 홍세화 외, 『능력주의와 불평등』, 교육공동체벗, 2020, 장석준·김민섭, 『능력주의, 가장 한국적인 계급 지도/유령들의 패자부활전』, 갈라파고스, 2022.

24. 김동춘, 『시험능력주의』, 창비, 2022.

25. 요코타 노부코, 『한국 노동시장의 해부』, 후마니타스, 2020.

26. 양승훈, 『울산 디스토피아, 제조업 강국의 불안한 미래』, 부키, 2024.

27. 이승윤, 『보이지 않는 노동자들』, 문학동네, 2024.

28. 장민욱·고영주·김승지·김승우·양승훈, "노이즈 캔슬링 On/Off: 동남권 청년들의 친밀성과 관계맺기의 문화인류학", 『한국사회학회 사회학대회 논문집』, 2023.

29. "'여자도 뛰놀 수 있어야' 이 교사는 왜 일베 공격 받나", 〈오마이뉴스〉 2017년 8월 21일자. https://n.news.naver.com/mnews/article/047/ 0002158473?sid=102

30. 아산정책연구원, 「이슈브리프: 한국 청년세대의 대중 인식 악화와 대응」,

2023년 11월 3일자; "[기획인터뷰] 청년에게 중국을 묻다", 『미래한국』, 2021년 8월 8일자; "20대는 왜 이렇게 중국을 싫어할까", 『시사IN』, 제721호, 2021.

31. 한국여성정책연구원, "2019 변화하는 남성성을 분석한다" 자료집, 2019.

32. "현역 판정 85.5%로 늘었지만… '50만 강군 시대' 이제 원천 불가능", 〈조선일보〉 2024년 10월 17일자. https://www.chosun.com/opinion/2024/06/03/3Q2WZLO4UJCP5CRDPKEEWL5DJM/

33. "여성 학자·정치인, '여자도 군대 가자'", 조선닷컴, 2009년 10월 13일자. https://www.chosun.com/site/data/html_dir/2009/10/13/2009101301155.html

34. "저출생 시대, 여자도 군대 가라! 근데 한국 군대, 진짜 성평등한 거 맞나요? 전 육군 장교 전미선의 질문", 오피큐알OPQR_모두의질문Q. https://www.youtube.com/watch?v=kpmRMsspbO0 (2025. 5. 14 접속)

4장   녹아내리는 노동, 연대가 어려워진 청년들

1. 카를 마르크스·프리드리히 엥겔스, 『독일 이데올로기』, 강신준 옮김, 길, 2006.

2. 통계청 국가통계포털(KOSIS). https://www.yna.co.kr/view/AKR20241026050300002?input=copy

3. 통계청 국가통계포털(KOSIS). https://www.mk.co.kr/news/society/11262391

4. 이승윤, 『보이지 않는 노동자들』, 문학동네, 2024.

5. 이승윤, 같은 책.

6. 이 연구는 가톨릭대학교 백승호 교수와 함께 작성한 "Beyond the Precariat: Trajectories of Precarious Work and itsDeterminants in South Korea" International Journal of Social Welfare (2024)의 분석 결과를 소개한 것으로 더 구체적인 연구 결과는 논문에서 참고할 것.

7. ① 고용 불안정성 측정에는 다양한 형태의 비정형 고용을 포함했다. 임금근로자 중에서는 무기계약직·호출근로·파견근무 등이 포함되었으며, 자영업자의 경우에도 5인 미만 소규모 사업장의 고용주, 1인 자영업자, 무급가족종사자 등을 불안정 범주에 포함했다. 또한 장기실업자뿐 아니라 청

년층의 특성을 고려하여 잠재적 실업자와 구직자까지 분석 대상에 포함했다. 이처럼 순수 비경제활동인구(일할 의사가 없는 주부, 학생, 질병으로 인한 휴직자 등)를 제외한 모든 노동시장 참여자를 포괄적으로 분석했다. ② 소득 불안정성은 국제노동기구에서 정한 저임금 수준의 기준을 활용하여, 시급 또는 소득이 중위소득의 3분의 2 이하인지를 기준으로 삼았다. ③ 사회보험 불안정성은 사회보험에 가입하여 보장받고 있는지를 측정했다. 우리가 진행한 연구는 이 세 가지 속성에 가중치를 부여하여 종합적인 불안정노동 지수를 산출하고, 이 지수를 활용하여 장기간에 걸친 노동 불안정성의 궤적을 추적했다. 2002년 기준 19~34세였던 법적 청년층이 2021년까지 20년 동안 노동시장에서 어떤 경험을 했는지를 집단중심추세모형(group-based trajectory modeling)을 통해 분석했다. 데이터로 삼은 것은 한국노동패널이다.

8. Eurofound, *Young people and the future of work in Europe,* Publications Office of the European Union, 2021.

9. European Commission, Youth Employment Support: A Bridge to Jobs for the Next Generation, 2020.

10. Eurofound, *Young people and the future of work in Europe,* Publications Office of the European Union, 2021.

11. Furlong, A., Cartmel, F. *Young People and Social Change: New Perspectives* (2nd ed.), Open University Press, 2007.

12. Armano, E., Bove, A., and Murgia, A. (Eds.), *Mapping precariousness, labour insecurity and uncertain livelihoods: Subjectivities and resistance,* Routledge, 2017.

13. Armano, E., Bove, A., and Murgia, A. (Eds.), 같은 글.

14. Eurofound, *Young people and the future of work in Europe,* Publications Office of the European Union, 2021.

15. Kalleberg, A. L., "Precarious Work, Insecure Workers: Employment Relations in Transition", *American Sociological Review,* 74(1), 2019: 1~22, Weil, D. *The Fissured Workplace: Why Work Became So Bad for So Many and What Can Be Done to Improve It,* Harvard University Press, 2024.

16. Kalleberg, A. L. *Good Jobs, Bad Jobs: The Rise of Polarized and Precarious Employment Systems in the United States, 1970s–2000s.* Russell Sage Foundation, 2011.

17. Weil, D. *The Fissured Workplace: Why Work Became So Bad for So Many and What Can Be Done to Improve It*, Harvard University Press, 2024.

18. Milkman, R., "A New Political Generation: Millennials and the Post-2008 Wave of Protest", *American Sociological Review*, 82(1), 2017: 1~31.

19. Milkman, R., 같은 글.

20. Milkman, R., 같은 글.

21. Milkman, R.의 같은 글 9쪽의 원문 참고. "Aspirations rise with increased education, but they are often frustrated by chronic unemployment or underemployment."

22. "[인터뷰] 이준석 적체된 꼰대 권위의식, 보궐선거 거치며 '셀프 수거'", 『미래한국』, 2021년 4월 9일자. https://www.futurekorea.co.kr/news/articleView.html?idxno=145949

광장 이후
혐오, 양극화, 세대론을 넘어

초판 인쇄 2025년 5월 16일
초판 발행 2025년 5월 26일

지은이 신진욱 이재정 양승훈 이승윤
기획 참여연대 부설 시민교육기관 아카데미느티나무
책임편집 전민지 | 편집 김정희 이희연 권한라
디자인 이혜진 | 저작권 박지영 형소진 오서영 조경은
마케팅 정민호 서지화 한민아 이민경 왕지경 정유진 정경주 김수인
　　　　김혜원 김예진 나현후 이서진
브랜딩 함유지 박민재 이송이 김희숙 박다솔 조다현 김하연 이준희
제작 강신은 김동욱 이순호 | 제작처 천광인쇄사

펴낸곳 (주)문학동네 | 펴낸이 김소영
출판등록 1993년 10월 22일 제2003-000045호
주소 10881 경기도 파주시 회동길 210
전자우편 editor@munhak.com | 대표전화 031) 955-8888 | 팩스 031) 955-8855
문학동네카페 http://cafe.naver.com/mhdn
인스타그램 @munhakdongne | 트위터 @munhakdongne
북클럽문학동네 http://bookclubmunhak.com
ISBN 979-11-416-1033-3 03300

www.munhak.com